JN043554

はしがき

　平成29年3月に告示された中学校学習指導要領が，令和3年度から全面実施されます。

　今回の学習指導要領では，各教科等の目標及び内容が，育成を目指す資質・能力の三つの柱（「知識及び技能」，「思考力，判断力，表現力等」，「学びに向かう力，人間性等」）に沿って再整理され，各教科等でどのような資質・能力の育成を目指すのかが明確化されました。これにより，教師が「子供たちにどのような力が身に付いたか」という学習の成果を的確に捉え，主体的・対話的で深い学びの視点からの授業改善を図る，いわゆる「指導と評価の一体化」が実現されやすくなることが期待されます。

　また，子供たちや学校，地域の実態を適切に把握した上で教育課程を編成し，学校全体で教育活動の質の向上を図る「カリキュラム・マネジメント」についても明文化されました。カリキュラム・マネジメントの一側面として，「教育課程の実施状況を評価してその改善を図っていくこと」がありますが，このためには，教育課程を編成・実施し，学習評価を行い，学習評価を基に教育課程の改善・充実を図るというPDCAサイクルを確立することが重要です。このことも，まさに「指導と評価の一体化」のための取組と言えます。

　このように，「指導と評価の一体化」の必要性は，今回の学習指導要領において，より一層明確なものとなりました。そこで，国立教育政策研究所教育課程研究センターでは，「幼稚園，小学校，中学校，高等学校及び特別支援学校の学習指導要領等の改善及び必要な方策等について（答申）」（平成28年12月21日中央教育審議会）をはじめ，「児童生徒の学習評価の在り方について（報告）」（平成31年1月21日中央教育審議会初等中等教育分科会教育課程部会）や「小学校，中学校，高等学校及び特別支援学校等における児童生徒の学習評価及び指導要録の改善等について」（平成31年3月29日付初等中等教育局長通知）を踏まえ，このたび「『指導と評価の一体化』のための学習評価に関する参考資料」を作成しました。

　本資料では，学習評価の基本的な考え方や，各教科等における評価規準の作成及び評価の実施等について解説しているほか，各教科等別に単元や題材に基づく学習評価について事例を紹介しています。各学校においては，本資料や各教育委員会等が示す学習評価に関する資料などを参考としながら，学習評価を含むカリキュラム・マネジメントを円滑に進めていただくことで，「指導と評価の一体化」を実現し，子供たちに未来の創り手となるために必要な資質・能力が育まれることを期待します。

　最後に，本資料の作成に御協力くださった方々に心から感謝の意を表します。

　　令和2年3月

国立教育政策研究所

教育課程研究センター長

笹　井　弘　之

目次

※本冊子については，改訂後の常用漢字表（平成22年11月30日内閣告示）に基づいて表記していま
す。（学習指導要領及び初等中等教育局長通知等の引用部分を除く）

第1編

総説

第1編　総説

本編においては，以下の資料について，それぞれ略称を用いることとする。

> 答申：「幼稚園，小学校，中学校，高等学校及び特別支援学校の学習指導要領等の改善
> 　　　及び必要な方策等について（答申）」　平成28年12月21日　中央教育審議会
> 報告：「児童生徒の学習評価の在り方について（報告）」　平成31年1月21日　中央教
> 　　　育審議会　初等中等教育分科会　教育課程部会
> 改善等通知：「小学校，中学校，高等学校及び特別支援学校等における児童生徒の学習
> 　　　評価及び指導要録の改善等について（通知）」　平成31年3月29日　初等中等
> 　　　教育局長通知

第1章　平成29年改訂を踏まえた学習評価の改善
1　はじめに

　学習評価は，学校における教育活動に関し，児童生徒の学習状況を評価するものである。答申にもあるとおり，児童生徒の学習状況を的確に捉え，教師が指導の改善を図るとともに，児童生徒が自らの学びを振り返って次の学びに向かうことができるようにするためには，学習評価の在り方が極めて重要である。

　各教科等の評価については，学習状況を分析的に捉える「観点別学習状況の評価」と「評定」が学習指導要領に定める目標に準拠した評価として実施するものとされている[1]。観点別学習状況の評価とは，学校における児童生徒の学習状況を，複数の観点から，それぞれの観点ごとに分析する評価のことである。児童生徒が各教科等での学習において，どの観点で望ましい学習状況が認められ，どの観点に課題が認められるかを明らかにすることにより，具体的な学習や指導の改善に生かすことを可能とするものである。各学校において目標に準拠した観点別学習状況の評価を行うに当たっては，観点ごとに評価規準を定める必要がある。評価規準とは，観点別学習状況の評価を的確に行うため，学習指導要領に示す目標の実現の状況を判断するよりどころを表現したものである。本参考資料は，観点別学習状況の評価を実施する際に必要となる評価規準等，学習評価を行うに当たって参考となる情報をまとめたものである。

　以下，文部省指導資料から，評価規準について解説した部分を参考として引用する。

---

[1] 各教科の評価については，観点別学習状況の評価と，これらを総括的に捉える「評定」の両方について実施するものとされており，観点別学習状況の評価や評定には示しきれない児童生徒の一人一人のよい点や可能性，進歩の状況については，「個人内評価」として実施するものとされている。（P.6〜11に後述）

（参考）評価規準の設定（抄）

（文部省「小学校教育課程一般指導資料」（平成5年9月）より）

　新しい指導要録（平成3年改訂）では，観点別学習状況の評価が効果的に行われるようにするために，「各観点ごとに学年ごとの評価規準を設定するなどの工夫を行うこと」と示されています。

　これまでの指導要録においても，観点別学習状況の評価を適切に行うため，「観点の趣旨を学年別に具体化することなどについて工夫を加えることが望ましいこと」とされており，教育委員会や学校では目標の達成の度合いを判断するための基準や尺度などの設定について研究が行われてきました。

　しかし，それらは，ともすれば知識・理解の評価が中心になりがちであり，また「目標を十分達成（＋）」，「目標をおおむね達成（空欄)」及び「達成が不十分（−）」ごとに詳細にわたって設定され，結果としてそれを単に数量的に処理することに陥りがちであったとの指摘がありました。

　今回の改訂においては，学習指導要領が目指す学力観に立った教育の実践に役立つようにすることを改訂方針の一つとして掲げ，各教科の目標に照らしてその実現の状況を評価する観点別学習状況を各教科の学習の評価の基本に据えることとしました。したがって，評価の観点についても，学習指導要領に示す目標との関連を密にして設けられています。

　このように，学習指導要領が目指す学力観に立つ教育と指導要録における評価とは一体のものであるとの考え方に立って，各教科の目標の実現の状況を「関心・意欲・態度」，「思考・判断・表現」，「技能・表現（または技能）」及び「知識・理解」の観点ごとに適切に評価するため，「評価規準を設定する」ことを明確に示しているものです。

　「評価規準」という用語については，先に述べたように，新しい学力観に立って子供たちが自ら獲得し身に付けた資質や能力の質的な面，すなわち，学習指導要領の目標に基づく幅のある資質や能力の育成の実現状況の評価を目指すという意味から用いたものです。

2　平成29年改訂を踏まえた学習評価の意義
（1）学習評価の充実

　平成29年改訂小・中学校学習指導要領総則においては，学習評価の充実について新たに項目が置かれた。具体的には，学習評価の目的等について以下のように示し，単元や題材など内容や時間のまとまりを見通しながら，児童生徒の主体的・対話的で深い学びの実現に向けた授業改善を行うと同時に，評価の場面や方法を工夫して，学習の過程や成果を評価することを示し，授業の改善と評価の改善を両輪として行っていくことの必要性を明示した。

・生徒のよい点や進歩の状況などを積極的に評価し，学習したことの意義や価値を実感できるようにすること。また，各教科等の目標の実現に向けた学習状況を把握する観点から，単元や題材など内容や時間のまとまりを見通しながら評価の場面や方法を工夫して，学習の過程や成果を評価し，指導の改善や学習意欲の向上を図り，資質・能力の育成に生かすようにすること。

・創意工夫の中で学習評価の妥当性や信頼性が高められるよう，組織的かつ計画的な取組を推進するとともに，学年や学校段階を越えて生徒の学習の成果が円滑に接続されるように工夫すること。

（中学校学習指導要領第1章総則　第3教育課程の実施と学習評価　2学習評価の充実）
（小学校学習指導要領にも同旨）

（2）カリキュラム・マネジメントの一環としての指導と評価

　　各学校における教育活動の多くは，学習指導要領等に従い児童生徒や地域の実態を踏まえて編成された教育課程の下，指導計画に基づく授業（学習指導）として展開される。各学校では，児童生徒の学習状況を評価し，その結果を児童生徒の学習や教師による指導の改善や学校全体としての教育課程の改善等に生かしており，学校全体として組織的かつ計画的に教育活動の質の向上を図っている。このように，「学習指導」と「学習評価」は学校の教育活動の根幹に当たり，教育課程に基づいて組織的かつ計画的に教育活動の質の向上を図る「カリキュラム・マネジメント」の中核的な役割を担っている。

（3）主体的・対話的で深い学びの視点からの授業改善と評価

　　指導と評価の一体化を図るためには，児童生徒一人一人の学習の成立を促すための評価という視点を一層重視し，教師が自らの指導のねらいに応じて授業での児童生徒の学びを振り返り，学習や指導の改善に生かしていくことが大切である。すなわち，平成29年改訂学習指導要領で重視している「主体的・対話的で深い学び」の視点からの授業改善を通して各教科等における資質・能力を確実に育成する上で，学習評価は重要な役割を担っている。

（4）学習評価の改善の基本的な方向性

　　（1）～（3）で述べたとおり，学習指導要領改訂の趣旨を実現するためには，学習評価の在り方が極めて重要であり，すなわち，学習評価を真に意味のあるものとし，指導と評価の一体化を実現することがますます求められている。

　　このため，報告では，以下のように学習評価の改善の基本的な方向性が示された。

　① 児童生徒の学習改善につながるものにしていくこと

　② 教師の指導改善につながるものにしていくこと

　③ これまで慣行として行われてきたことでも，必要性・妥当性が認められないものは見直していくこと

3 平成29年改訂を受けた評価の観点の整理

　平成29年改訂学習指導要領においては，知・徳・体にわたる「生きる力」を児童生徒に育むために「何のために学ぶのか」という各教科等を学ぶ意義を共有しながら，授業の創意工夫や教科書等の教材の改善を引き出していくことができるようにするため，全ての教科等の目標及び内容を「知識及び技能」，「思考力，判断力，表現力等」，「学びに向かう力，人間性等」の育成を目指す資質・能力の三つの柱で再整理した（図1参照）。知・徳・体のバランスのとれた「生きる力」を育むことを目指すに当たっては，各教科等の指導を通してどのような資質・能力の育成を目指すのかを明確にしながら教育活動の充実を図ること，その際には，児童生徒の発達の段階や特性を踏まえ，資質・能力の三つの柱の育成がバランスよく実現できるよう留意する必要がある。

図1

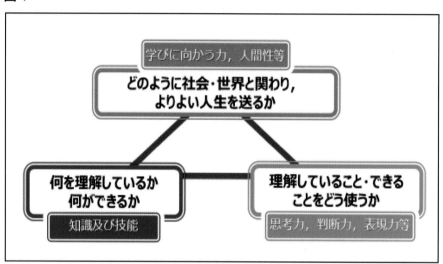

　観点別学習状況の評価については，こうした教育目標や内容の再整理を踏まえて，小・中・高等学校の各教科を通じて，4観点から3観点に整理された。（図2参照）

図2

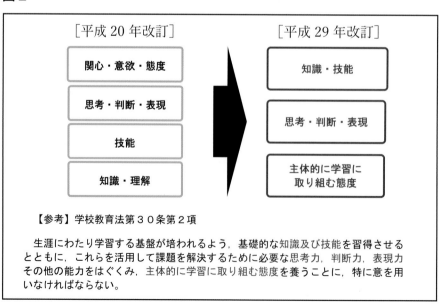

4 平成 29 年改訂学習指導要領における各教科の学習評価

　各教科の学習評価においては，平成 29 年改訂においても，学習状況を分析的に捉える「観点別学習状況の評価」と，これらを総括的に捉える「評定」の両方について，学習指導要領に定める目標に準拠した評価として実施するものとされた。改善等通知では，以下のように示されている。

【小学校児童指導要録】

　［各教科の学習の記録］

Ⅰ　観点別学習状況

　　学習指導要領に示す各教科の目標に照らして，その実現状況を観点ごとに評価し記入する。その際，

　　　「十分満足できる」状況と判断されるもの：A

　　　「おおむね満足できる」状況と判断されるもの：B

　　　「努力を要する」状況と判断されるもの：C

　のように区別して評価を記入する。

Ⅱ　評定（第 3 学年以上）

　　各教科の評定は，学習指導要領に示す各教科の目標に照らして，その実現状況を，

　　　「十分満足できる」状況と判断されるもの：3

　　　「おおむね満足できる」状況と判断されるもの：2

　　　「努力を要する」状況と判断されるもの：1

　のように区別して評価を記入する。

　　評定は各教科の学習の状況を総括的に評価するものであり，「観点別学習状況」において掲げられた観点は，分析的な評価を行うものとして，各教科の評定を行う場合において基本的な要素となるものであることに十分留意する。その際，評定の適切な決定方法等については，各学校において定める。

【中学校生徒指導要録】

（学習指導要領に示す必修教科の取扱いは次のとおり）

　［各教科の学習の記録］

Ⅰ　観点別学習状況（小学校児童指導要録と同じ）

　　学習指導要領に示す各教科の目標に照らして，その実現状況を観点ごとに評価し記入する。その際，

　　　「十分満足できる」状況と判断されるもの：A

　　　「おおむね満足できる」状況と判断されるもの：B

　　　「努力を要する」状況と判断されるもの：C

　のように区別して評価を記入する。

Ⅱ　評定

　　各教科の評定は，学習指導要領に示す各教科の目標に照らして，その実現状況を，

「十分満足できるもののうち，特に程度が高い」状況と判断されるもの：5

「十分満足できる」状況と判断されるもの：4

「おおむね満足できる」状況と判断されるもの：3

「努力を要する」状況と判断されるもの：2

「一層努力を要する」状況と判断されるもの：1

のように区別して評価を記入する。

評定は各教科の学習の状況を総括的に評価するものであり，「観点別学習状況」において掲げられた観点は，分析的な評価を行うものとして，各教科の評定を行う場合において基本的な要素となるものであることに十分留意する。その際，評定の適切な決定方法等については，各学校において定める。

また，観点別学習状況の評価や評定には示しきれない児童生徒一人一人のよい点や可能性，進歩の状況については，「個人内評価」として実施するものとされている。改善等通知においては，「観点別学習状況の評価になじまず個人内評価の対象となるものについては，児童生徒が学習したことの意義や価値を実感できるよう，日々の教育活動等の中で児童生徒に伝えることが重要であること。特に『学びに向かう力，人間性等』のうち『感性や思いやり』など児童生徒一人一人のよい点や可能性，進歩の状況などを積極的に評価し児童生徒に伝えることが重要であること。」と示されている。

「3　平成29年改訂を受けた評価の観点の整理」も踏まえて各教科における評価の基本構造を図示化すると，以下のようになる。（図3参照）

図3

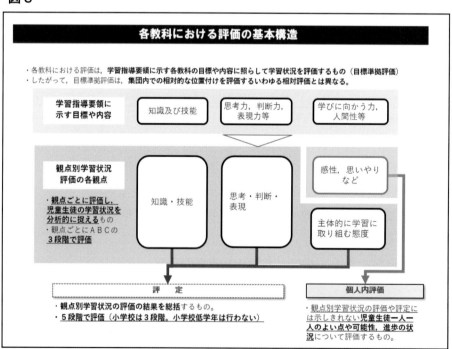

上記の，「各教科における評価の基本構造」を踏まえた3観点の評価それぞれについて

の考え方は，以下の（1）～（3）のとおりとなる。なお，この考え方は，外国語活動（小学校），総合的な学習の時間，特別活動においても同様に考えることができる。

（1）「知識・技能」の評価について

　「知識・技能」の評価は，各教科等における学習の過程を通した知識及び技能の習得状況について評価を行うとともに，それらを既有の知識及び技能と関連付けたり活用したりする中で，他の学習や生活の場面でも活用できる程度に概念等を理解したり，技能を習得したりしているかについても評価するものである。

　「知識・技能」におけるこのような考え方は，従前の「知識・理解」（各教科等において習得すべき知識や重要な概念等を理解しているかを評価），「技能」（各教科等において習得すべき技能を身に付けているかを評価）においても重視してきたものである。

　具体的な評価の方法としては，ペーパーテストにおいて，事実的な知識の習得を問う問題と，知識の概念的な理解を問う問題とのバランスに配慮するなどの工夫改善を図るとともに，例えば，児童生徒が文章による説明をしたり，各教科等の内容の特質に応じて，観察・実験したり，式やグラフで表現したりするなど，実際に知識や技能を用いる場面を設けるなど，多様な方法を適切に取り入れていくことが考えられる。

（2）「思考・判断・表現」の評価について

　「思考・判断・表現」の評価は，各教科等の知識及び技能を活用して課題を解決する等のために必要な思考力，判断力，表現力等を身に付けているかを評価するものである。

　「思考・判断・表現」におけるこのような考え方は，従前の「思考・判断・表現」の観点においても重視してきたものである。「思考・判断・表現」を評価するためには，教師は「主体的・対話的で深い学び」の視点からの授業改善を通じ，児童生徒が思考・判断・表現する場面を効果的に設計した上で，指導・評価することが求められる。

　具体的な評価の方法としては，ペーパーテストのみならず，論述やレポートの作成，発表，グループでの話合い，作品の制作や表現等の多様な活動を取り入れたり，それらを集めたポートフォリオを活用したりするなど評価方法を工夫することが考えられる。

（3）「主体的に学習に取り組む態度」の評価について

　答申において「学びに向かう力，人間性等」には，①「主体的に学習に取り組む態度」として観点別学習状況の評価を通じて見取ることができる部分と，②観点別学習状況の評価や評定にはなじまず，こうした評価では示しきれないことから個人内評価を通じて見取る部分があることに留意する必要があるとされている。すなわち，②については観点別学習状況の評価の対象外とする必要がある。

　「主体的に学習に取り組む態度」の評価に際しては，単に継続的な行動や積極的な発言を行うなど，性格や行動面の傾向を評価するということではなく，各教科等の「主体的に学習に取り組む態度」に係る観点の趣旨に照らして，知識及び技能を習得したり，

思考力，判断力，表現力等を身に付けたりするために，自らの学習状況を把握し，学習の進め方について試行錯誤するなど自らの学習を調整しながら，学ぼうとしているかどうかという意思的な側面を評価することが重要である。

　従前の「関心・意欲・態度」の観点も，各教科等の学習内容に関心をもつことのみならず，よりよく学ぼうとする意欲をもって学習に取り組む態度を評価するという考え方に基づいたものであり，この点を「主体的に学習に取り組む態度」として改めて強調するものである。

　本観点に基づく評価は，「主体的に学習に取り組む態度」に係る各教科等の評価の観点の趣旨に照らして，
①　知識及び技能を獲得したり，思考力，判断力，表現力等を身に付けたりすることに向けた粘り強い取組を行おうとしている側面
②　①の粘り強い取組を行う中で，自らの学習を調整しようとする側面
という二つの側面を評価することが求められる[2]。（図4参照）

　ここでの評価は，児童生徒の学習の調整が「適切に行われているか」を必ずしも判断するものではなく，学習の調整が知識及び技能の習得などに結び付いていない場合には，教師が学習の進め方を適切に指導することが求められる。

　具体的な評価の方法としては，ノートやレポート等における記述，授業中の発言，教師による行動観察や児童生徒による自己評価や相互評価等の状況を，教師が評価を行う際に考慮する材料の一つとして用いることなどが考えられる。

図4

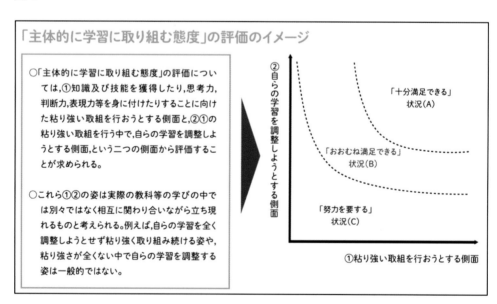

―――――――――――――――――

[2] これら①②の姿は実際の教科等の学びの中では別々ではなく相互に関わり合いながら立ち現れるものと考えられることから，実際の評価の場面においては，双方の側面を一体的に見取ることも想定される。例えば，自らの学習を全く調整しようとせず粘り強く取り組み続ける姿や，粘り強さが全くない中で自らの学習を調整する姿は一般的ではない。

　なお，学習指導要領の「2　内容」に記載のない「主体的に学習に取り組む態度」の評価については，後述する第2章1（2）を参照のこと[3]。

5　改善等通知における特別の教科　道徳，外国語活動（小学校），総合的な学習の時間，特別活動の指導要録の記録

　改善等通知においては，各教科の学習の記録とともに，以下の（1）～（4）の各教科等の指導要録における学習の記録について以下のように示されている。

（1）特別の教科　道徳について

　中学校等については，改善等通知別紙2に，「道徳の評価については，28文科初第604号「学習指導要領の一部改正に伴う小学校，中学校及び特別支援学校小学部・中学部における児童生徒の学習評価及び指導要録の改善等について（通知）」に基づき，学習活動における生徒の学習状況や道徳性に係る成長の様子を個人内評価として文章で端的に記述する」こととされている（小学校等についても別紙1に同旨）。

（2）外国語活動について（小学校）

　改善等通知には，「外国語活動の記録については，評価の観点を記入した上で，それらの観点に照らして，児童の学習状況に顕著な事項がある場合にその特徴を記入する等，児童にどのような力が身に付いたかを文章で端的に記述すること」とされている。また，「評価の観点については，設置者は，小学校学習指導要領等に示す外国語活動の目標を踏まえ，改善等通知別紙4を参考に設定する」こととされている。

（3）総合的な学習の時間について

　中学校等については，改善等通知別紙2に，「総合的な学習の時間の記録については，この時間に行った学習活動及び各学校が自ら定めた評価の観点を記入した上で，それらの観点のうち，生徒の学習状況に顕著な事項がある場合などにその特徴を記入する等，生徒にどのような力が身に付いたかを文章で端的に記述すること」とされている。また，「評価の観点については，各学校において具体的に定めた目標，内容に基づいて別紙4を参考に定めること」とされている（小学校等についても別紙1に同旨）。

---

[3] 各教科等によって，評価の対象に特性があることに留意する必要がある。例えば，体育・保健体育科の運動に関する領域においては，公正や協力などを，育成する「態度」として学習指導要領に位置付けており，各教科等の目標や内容に対応した学習評価が行われることとされている。

（4）特別活動について

中学校等については，改善等通知別紙2に，「特別活動の記録については，各学校が自ら定めた特別活動全体に係る評価の観点を記入した上で，各活動・学校行事ごとに，評価の観点に照らして十分満足できる活動の状況にあると判断される場合に，〇印を記入する」とされている。また，「評価の観点については，学習指導要領等に示す特別活動の目標を踏まえ，各学校において改善等通知別紙4を参考に定める。その際，特別活動の特質や学校として重点化した内容を踏まえ，例えば『主体的に生活や人間関係をよりよくしようとする態度』などのように，より具体的に定めることも考えられる。記入に当たっては，特別活動の学習が学校や学級における集団活動や生活を対象に行われるという特質に留意する」とされている（小学校等についても別紙1に同旨）。

なお，特別活動は学級担任以外の教師が指導する活動が多いことから，評価体制を確立し，共通理解を図って，児童生徒のよさや可能性を多面的・総合的に評価するとともに，確実に資質・能力が育成されるよう指導の改善に生かすことが求められる。

6　障害のある児童生徒の学習評価について

学習評価に関する基本的な考え方は，障害のある児童生徒の学習評価についても変わるものではない。

障害のある児童生徒については，特別支援学校等の助言又は援助を活用しつつ，個々の児童生徒の障害の状態や特性及び心身の発達の段階に応じた指導内容や指導方法の工夫を行い，その評価を適切に行うことが必要である。また，指導内容や指導方法の工夫については，学習指導要領の各教科の「指導計画の作成と内容の取扱い」の「指導計画作成上の配慮事項」の「障害のある児童生徒への配慮についての事項」についての学習指導要領解説も参考となる。

7　評価の方針等の児童生徒や保護者への共有について

学習評価の妥当性や信頼性を高めるとともに，児童生徒自身に学習の見通しをもたせるために，学習評価の方針を事前に児童生徒と共有する場面を必要に応じて設けることが求められており，児童生徒に評価の結果をフィードバックする際にも，どのような方針によって評価したのかを改めて児童生徒に共有することも重要である。

また，新学習指導要領下での学習評価の在り方や基本方針等について，様々な機会を捉えて保護者と共通理解を図ることが非常に重要である。

第2章　学習評価の基本的な流れ

1　各教科における評価規準の作成及び評価の実施等について

（1）目標と観点の趣旨との対応関係について

　　　評価規準の作成に当たっては，各学校の実態に応じて目標に準拠した評価を行うために，「評価の観点及びその趣旨[4]」が各教科等の目標を踏まえて作成されていること，また同様に，「学年別（又は分野別）の評価の観点の趣旨[5]」が学年（又は分野）の目標を踏まえて作成されていることを確認することが必要である。

　　　なお，「主体的に学習に取り組む態度」の観点は，教科等及び学年（又は分野）の目標の（3）に対応するものであるが，観点別学習状況の評価を通じて見取ることができる部分をその内容として整理し，示していることを確認することが必要である。（図5，6参照）

図5

【学習指導要領「教科の目標」】

学習指導要領　各教科等の「第1　目標」

(1)	(2)	(3)
（知識及び技能に関する目標）	（思考力，判断力，表現力等に関する目標）	（学びに向かう力，人間性等に関する目標）[6]

【改善等通知「評価の観点及びその趣旨」】

改善等通知　別紙4　評価の観点及びその趣旨

観点	知識・技能	思考・判断・表現	主体的に学習に取り組む態度
趣旨	（知識・技能の観点の趣旨）	（思考・判断・表現の観点の趣旨）	（主体的に学習に取り組む態度の観点の趣旨）

---

[4] 各教科等の学習指導要領の目標の規定を踏まえ，観点別学習状況の評価の対象とするものについて整理したものが教科等の観点の趣旨である。

[5] 各学年（又は分野）の学習指導要領の目標を踏まえ，観点別学習状況の評価の対象とするものについて整理したものが学年別（又は分野別）の観点の趣旨である。

[6] 学びに向かう力，人間性等に関する目標には，個人内評価として実施するものも含まれている。（P.8図3参照）※学年（又は分野）の目標についても同様である。

図6

【学習指導要領「学年（又は分野）の目標」】

学習指導要領　各教科等の「第2　各学年の目標及び内容」の学年ごとの「1　目標」

(1)	(2)	(3)
（知識及び技能に関する目標）	（思考力，判断力，表現力等に関する目標）	（学びに向かう力，人間性等に関する目標）

【改善等通知　別紙4「学年別（又は分野別）の評価の観点の趣旨」】

観点	知識・技能	思考・判断・表現	主体的に学習に取り組む態度
趣旨	（知識・技能の観点の趣旨）	（思考・判断・表現の観点の趣旨）	（主体的に学習に取り組む態度の観点の趣旨）

（2）「内容のまとまりごとの評価規準」とは

　　本参考資料では，評価規準の作成等について示す。具体的には，学習指導要領の規定から「内容のまとまりごとの評価規準」を作成する際の手順を示している。ここでの「内容のまとまり」とは，学習指導要領に示す各教科等の「第2　各学年の目標及び内容　2　内容」の項目等をそのまとまりごとに細分化したり整理したりしたものである[7]。平成29年改訂学習指導要領においては資質・能力の三つの柱に基づく構造化が行われたところであり，基本的には，学習指導要領に示す各教科等の「第2　各学年（分野）の目標及び内容」の「2　内容」において[8]，「内容のまとまり」ごとに育成を目指す資質・

---

[7] 各教科等の学習指導要領の「第3　指導計画の作成と内容の取扱い」1(1)に「単元（題材）などの内容や時間のまとまり」という記載があるが，この「内容や時間のまとまり」と，本参考資料における「内容のまとまり」は同義ではないことに注意が必要である。前者は，主体的・対話的で深い学びを実現するため，主体的に学習に取り組めるよう学習の見通しを立てたり学習したことを振り返ったりして自身の学びや変容を自覚できる場面をどこに設定するか，対話によって自分の考えなどを広げたり深めたりする場面をどこに設定するか，学びの深まりをつくりだすために，児童生徒が考える場面と教師が教える場面をどのように組み立てるか，といった視点による授業改善は，1単位時間の授業ごとに考えるのではなく，単元や題材などの一定程度のまとまりごとに検討されるべきであることが示されたものである。後者（本参考資料における「内容のまとまり」）については，本文に述べるとおりである。

[8] 小学校家庭においては，「第2　各学年の内容」，「1　内容」，小学校外国語・外国語活動，中学校外国語においては，「第2　各言語の目標及び内容等」，「1　目標」である。

能力が示されている。このため,「2 内容」の記載はそのまま学習指導の目標となりうるものである[9]。学習指導要領の目標に照らして観点別学習状況の評価を行うに当たり,児童生徒が資質・能力を身に付けた状況を表すために,「2 内容」の記載事項の文末を「〜すること」から「〜している」と変換したもの等を,本参考資料において「内容のまとまりごとの評価規準」と呼ぶこととする[10]。

　ただし,「主体的に学習に取り組む態度」に関しては,特に,児童生徒の学習への継続的な取組を通して現れる性質を有すること等から[11],「2 内容」に記載がない[12]。そのため,各学年（又は分野）の「1 目標」を参考にしつつ,必要に応じて,改善等通知別紙4に示された学年（又は分野）別の評価の観点の趣旨のうち「主体的に学習に取り組む態度」に関わる部分を用いて「内容のまとまりごとの評価規準」を作成する必要がある。

　なお,各学校においては,「内容のまとまりごとの評価規準」の考え方を踏まえて,学習評価を行う際の評価規準を作成する。

（3）「内容のまとまりごとの評価規準」を作成する際の基本的な手順

　各教科における,「内容のまとまりごとの評価規準」を作成する際の基本的な手順は以下のとおりである。

　学習指導要領に示された教科及び学年（又は分野）の目標を踏まえて,「評価の観点及びその趣旨」が作成されていることを理解した上で,

① 　各教科における「内容のまとまり」と「評価の観点」との関係を確認する。

② 　【観点ごとのポイント】を踏まえ,「内容のまとまりごとの評価規準」を作成する。

---

[9] 「2 内容」において示されている指導事項等を整理することで「内容のまとまり」を構成している教科もある。この場合は,整理した資質・能力をもとに,構成された「内容のまとまり」に基づいて学習指導の目標を設定することとなる。また,目標や評価規準の設定は,教育課程を編成する主体である各学校が,学習指導要領に基づきつつ児童生徒や学校,地域の実情に応じて行うことが必要である。

[10] 小学校家庭,中学校技術・家庭（家庭分野）については,学習指導要領の目標及び分野の目標の（2）に思考力・判断力・表現力等の育成に係る学習過程が記載されているため,これらを踏まえて「内容のまとまりごとの評価規準」を作成する必要がある。

[11] 各教科等の特性によって単元や題材など内容や時間のまとまりはさまざまであることから,評価を行う際は,それぞれの実現状況が把握できる段階について検討が必要である。

[12] 各教科等によって,評価の対象に特性があることに留意する必要がある。例えば,体育・保健体育科の運動に関する領域においては,公正や協力などを,育成する「態度」として学習指導要領に位置付けており,各教科等の目標や内容に対応した学習評価が行われることとされている。

①，②については，第2編において詳述する。同様に，【観点ごとのポイント】についても，第2編に各教科等において示している。

（4）評価の計画を立てることの重要性

　学習指導のねらいが児童生徒の学習状況として実現されたかについて，評価規準に照らして観察し，毎時間の授業で適宜指導を行うことは，育成を目指す資質・能力を児童生徒に育むためには不可欠である。その上で，評価規準に照らして，観点別学習状況の評価をするための記録を取ることになる。そのためには，いつ，どのような方法で，児童生徒について観点別学習状況を評価するための記録を取るのかについて，評価の計画を立てることが引き続き大切である。

　毎時間児童生徒全員について記録を取り，総括の資料とするために蓄積することは現実的ではないことからも，児童生徒全員の学習状況を記録に残す場面を精選し，かつ適切に評価するための評価の計画が一層重要になる。

（5）観点別学習状況の評価に係る記録の総括

　適切な評価の計画の下に得た，児童生徒の観点別学習状況の評価に係る記録の総括の時期としては，単元（題材）末，学期末，学年末等の節目が考えられる。

　総括を行う際，観点別学習状況の評価に係る記録が，観点ごとに複数ある場合は，例えば，次のような方法が考えられる。

・ **評価結果のＡ，Ｂ，Ｃの数を基に総括する場合**

　何回か行った評価結果のＡ，Ｂ，Ｃの数が多いものが，その観点の学習の実施状況を最もよく表現しているとする考え方に立つ総括の方法である。例えば，3回評価を行った結果が「ＡＢＢ」ならばＢと総括することが考えられる。なお，「ＡＡＢＢ」の総括結果をＡとするかＢとするかなど，同数の場合や三つの記号が混在する場合の総括の仕方をあらかじめ各学校において決めておく必要がある。

・ **評価結果のＡ，Ｂ，Ｃを数値に置き換えて総括する場合**

　何回か行った評価結果Ａ，Ｂ，Ｃを，例えばＡ＝3，Ｂ＝2，Ｃ＝1のように数値によって表し，合計したり平均したりする総括の方法である。例えば，総括の結果をＢとする範囲を［2.5≧平均値≧1.5］とすると，「ＡＢＢ」の平均値は，約2.3［（3＋2＋2）÷3］で総括の結果はＢとなる。

　なお，評価の各節目のうち特定の時点に重きを置いて評価を行う場合など，この例のような平均値による方法以外についても様々な総括の方法が考えられる。

（6）観点別学習状況の評価の評定への総括

　評定は，各教科の観点別学習状況の評価を総括した数値を示すものである。評定は，児童生徒がどの教科の学習に望ましい学習状況が認められ，どの教科の学習に課題が

認められるのかを明らかにすることにより，教育課程全体を見渡した学習状況の把握と指導や学習の改善に生かすことを可能とするものである。

　評定への総括は，学期末や学年末などに行われることが多い。学年末に評定へ総括する場合には，学期末に総括した評定の結果を基にする場合と，学年末に観点ごとに総括した結果を基にする場合が考えられる。

　観点別学習状況の評価の評定への総括は，各観点の評価結果をＡ，Ｂ，Ｃの組合せ，又は，Ａ，Ｂ，Ｃを数値で表したものに基づいて総括し，その結果を小学校では３段階，中学校では５段階で表す。

　Ａ，Ｂ，Ｃの組合せから評定に総括する場合，各観点とも同じ評価がそろう場合は，小学校については，「ＢＢＢ」であれば２を基本としつつ，「ＡＡＡ」であれば３，「ＣＣＣ」であれば１とするのが適当であると考えられる。中学校については，「ＢＢＢ」であれば３を基本としつつ，「ＡＡＡ」であれば５又は４，「ＣＣＣ」であれば２又は１とするのが適当であると考えられる。それ以外の場合は，各観点のＡ，Ｂ，Ｃの数の組合せから適切に評定することができるようあらかじめ各学校において決めておく必要がある。

　なお，観点別学習状況の評価結果は，「十分満足できる」状況と判断されるものをＡ，「おおむね満足できる」状況と判断されるものをＢ，「努力を要する」状況と判断されるものをＣのように表されるが，そこで表された学習の実現状況には幅があるため，機械的に評定を算出することは適当ではない場合も予想される。

　また，評定は，小学校については，小学校学習指導要領等に示す各教科の目標に照らして，その実現状況を「十分満足できる」状況と判断されるものを３，「おおむね満足できる」状況と判断されるものを２，「努力を要する」状況と判断されるものを１，中学校については，中学校学習指導要領等に示す各教科の目標に照らして，その実現状況を「十分満足できるもののうち，特に程度が高い」状況と判断されるものを５，「十分満足できる」状況と判断されるものを４，「おおむね満足できる」状況と判断されるものを３，「努力を要する」状況と判断されるものを２，「一層努力を要する」状況と判断されるものを１という数値で表される。しかし，この数値を児童生徒の学習状況について三つ（小学校）又は五つ（中学校）に分類したものとして捉えるのではなく，常にこの結果の背景にある児童生徒の具体的な学習の実現状況を思い描き，適切に捉えることが大切である。評定への総括に当たっては，このようなことも十分に検討する必要がある[13]。

　なお，各学校では観点別学習状況の評価の観点ごとの総括及び評定への総括の考え

---

[13] 改善等通知では，「評定は各教科の学習の状況を総括的に評価するものであり，『観点別学習状況』において掲げられた観点は，分析的な評価を行うものとして，各教科の評定を行う場合において基本的な要素となるものであることに十分留意する。その際，評定の適切な決定方法等については，各学校において定める。」と示されている。（P.7，8参照）

方や方法について，教師間で共通理解を図り，児童生徒及び保護者に十分説明し理解を得ることが大切である。

2 総合的な学習の時間における評価規準の作成及び評価の実施等について
（1）総合的な学習の時間の「評価の観点」について

　平成29年改訂学習指導要領では，各教科等の目標や内容を「知識及び技能」，「思考力，判断力，表現力等」，「学びに向かう力，人間性等」の資質・能力の三つの柱で再整理しているが，このことは総合的な学習の時間においても同様である。

　総合的な学習の時間においては，学習指導要領が定める目標を踏まえて各学校が目標や内容を設定するという総合的な学習の時間の特質から，各学校が観点を設定するという枠組みが維持されている。一方で，各学校が目標や内容を定める際には，学習指導要領において示された以下について考慮する必要がある。

> 【各学校において定める目標】
> ・　各学校において定める目標については，各学校における教育目標を踏まえ，総合的な学習の時間を通して育成を目指す資質・能力を示すこと。　　　　（第2の3(1)）

　総合的な学習の時間を通して育成を目指す資質・能力を示すとは，各学校における教育目標を踏まえて，各学校において定める目標の中に，この時間を通して育成を目指す資質・能力を，三つの柱に即して具体的に示すということである。

> 【各学校において定める内容】
> ・　探究課題の解決を通して育成を目指す具体的な資質・能力については，次の事項に配慮すること。
> 　ア　知識及び技能については，他教科等及び総合的な学習の時間で習得する知識及び技能が相互に関連付けられ，社会の中で生きて働くものとして形成されるようにすること。
> 　イ　思考力，判断力，表現力等については，課題の設定，情報の収集，整理・分析，まとめ・表現などの探究的な学習の過程において発揮され，未知の状況において活用できるものとして身に付けられるようにすること。
> 　ウ　学びに向かう力，人間性等については，自分自身に関すること及び他者や社会との関わりに関することの両方の視点を踏まえること。　　　　（第2の3(6)）

　各学校において定める内容について，今回の改訂では新たに，「目標を実現するにふさわしい探究課題」，「探究課題の解決を通して育成を目指す具体的な資質・能力」の二つを定めることが示された。「探究課題の解決を通して育成を目指す具体的な資質・能力」とは，各学校において定める目標に記された資質・能力を，各探究課題に即して具体的に示したものであり，教師の適切な指導の下，児童生徒が各探究課題の解決に取り組む中で，育成することを目指す資質・能力のことである。この具体的な資質・能力も，「知識及び技能」，「思考力，判断力，表現力等」，「学びに向かう力，人間性等」という

資質・能力の三つの柱に即して設定していくことになる。

　このように，各学校において定める目標と内容には，三つの柱に沿った資質・能力が明示されることになる。

　したがって，資質・能力の三つの柱で再整理した新学習指導要領の下での指導と評価の一体化を推進するためにも，評価の観点についてこれらの資質・能力に関わる「知識・技能」，「思考・判断・表現」，「主体的に学習に取り組む態度」の３観点に整理し示したところである。

（２）総合的な学習の時間の「内容のまとまり」の考え方

　学習指導要領の第２の２では，「各学校においては，第１の目標を踏まえ，各学校の総合的な学習の時間の内容を定める。」とされており，各教科のようにどの学年で何を指導するのかという内容を明示していない。これは，各学校が，学習指導要領が定める目標の趣旨を踏まえて，地域や学校，児童生徒の実態に応じて，創意工夫を生かした内容を定めることが期待されているからである。

　この内容の設定に際しては，前述したように「目標を実現するにふさわしい探究課題」，「探究課題の解決を通して育成を目指す具体的な資質・能力」の二つを定めることが示され，探究課題としてどのような対象と関わり，その探究課題の解決を通して，どのような資質・能力を育成するのかが内容として記述されることになる。（図７参照）

図７

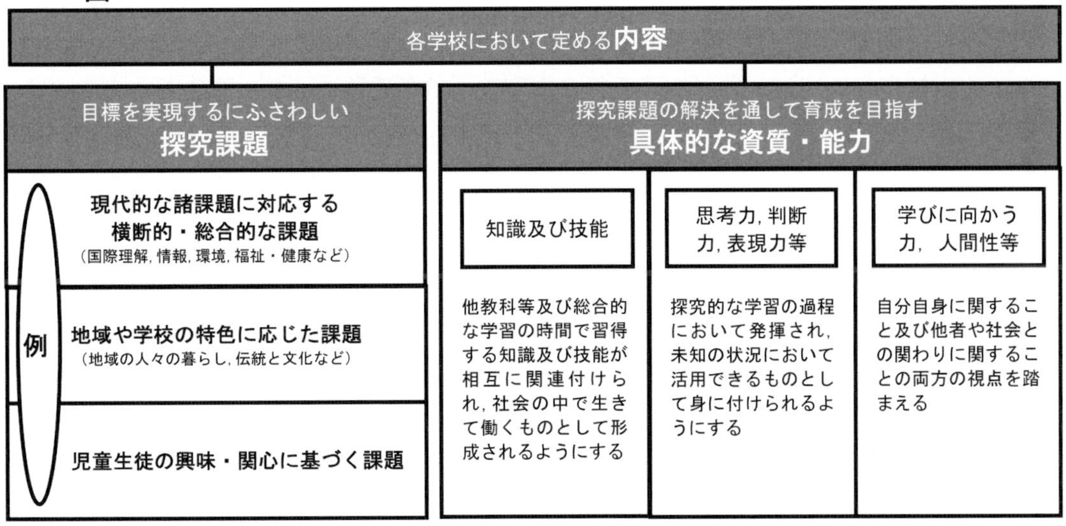

　本参考資料第１編第２章の１（２）では，「内容のまとまり」について，「学習指導要領に示す各教科等の『第２　各学年の目標及び内容　２　内容』の項目等をそのまとまりごとに細分化したり整理したりしたもので，『内容のまとまり』ごとに育成を目指す資質・能力が示されている」と説明されている。

　したがって，総合的な学習の時間における「内容のまとまり」とは，全体計画に示した「目標を実現するにふさわしい探究課題」のうち，一つ一つの探究課題とその探究課題に応じて定めた具体的な資質・能力と考えることができる。

（3）「内容のまとまりごとの評価規準」を作成する際の基本的な手順

　　総合的な学習の時間における，「内容のまとまりごとの評価規準」を作成する際の基本的な手順は以下のとおりである。

> ①　各学校において定めた目標（第2の1）と「評価の観点及びその趣旨」を確認する。

> ②　各学校において定めた内容の記述（「内容のまとまり」として探究課題ごとに作成した「探究課題の解決を通して育成を目指す具体的な資質・能力」）が，観点ごとにどのように整理されているかを確認する。

> ③【観点ごとのポイント】を踏まえ，「内容のまとまりごとの評価規準」を作成する。

3　特別活動の「評価の観点」とその趣旨，並びに評価規準の作成及び評価の実施等について

（1）特別活動の「評価の観点」とその趣旨について

　　特別活動においては，改善等通知において示されたように，特別活動の特質と学校の創意工夫を生かすということから，設置者ではなく，「各学校で評価の観点を定める」ものとしている。本参考資料では「評価の観点」とその趣旨の設定について示している。

（2）特別活動の「内容のまとまり」

　　小学校においては，学習指導要領の内容の〔学級活動〕「（1）学級や学校における生活づくりへの参画」，「（2）日常の生活や学習への適応と自己の成長及び健康安全」，「（3）一人一人のキャリア形成と自己実現」，〔児童会活動〕，〔クラブ活動〕，〔学校行事〕（1）儀式的行事，（2）文化的行事，（3）健康安全・体育的行事，（4）遠足・集団宿泊的行事，（5）勤労生産・奉仕的行事を「内容のまとまり」とした。

　　中学校においては，学習指導要領の内容の〔学級活動〕「（1）学級や学校における生活づくりへの参画」，「（2）日常の生活や学習への適応と自己の成長及び健康安全」，「（3）一人一人のキャリア形成と自己実現」，〔生徒会活動〕，〔学校行事〕（1）儀式的行事，（2）文化的行事，（3）健康安全・体育的行事，（4）旅行・集団宿泊的行事，（5）勤労生産・奉仕的行事を「内容のまとまり」とした。

（3）特別活動の「評価の観点」とその趣旨，並びに「内容のまとまりごとの評価規準」を作成する際の基本的な手順

　　各学校においては，学習指導要領に示された特別活動の目標及び内容を踏まえ，自校の実態に即し，改善等通知の例示を参考に観点を作成する。その際，例えば，特別活動の特質や学校として重点化した内容を踏まえて，具体的な観点を設定することが考えられる。

　また，学習指導要領解説では，各活動・学校行事の内容ごとに育成を目指す資質・能力が例示されている。そこで，学習指導要領で示された「各活動・学校行事の目標」及び学習指導要領解説で例示された「資質・能力」を確認し，各学校の実態に合わせて育成を目指す資質・能力を重点化して設定する。

　次に，各学校で設定した，各活動・学校行事で育成を目指す資質・能力を踏まえて，「内容のまとまりごとの評価規準」を作成する。その際，小学校の学級活動においては，学習指導要領で示した「各学年段階における配慮事項」や，学習指導要領解説に示した「発達の段階に即した指導のめやす」を踏まえて，低・中・高学年ごとに評価規準を作成することが考えられる。基本的な手順は以下のとおりである。

① 学習指導要領の「特別活動の目標」と改善等通知を確認する。
② 学習指導要領の「特別活動の目標」と自校の実態を踏まえ，改善等通知の例示を参考に，特別活動の「評価の観点」とその趣旨を設定する。
③ 学習指導要領の「各活動・学校行事の目標」及び学習指導要領解説特別活動編（平成29年7月）で例示した「各活動・学校行事における育成を目指す資質・能力」を参考に，各学校において育成を目指す資質・能力を重点化して設定する。
④ 【観点ごとのポイント】を踏まえ，「内容のまとまりごとの評価規準」を作成する。

（参考）平成23年「評価規準の作成，評価方法等の工夫改善のための参考資料」からの変更点について

　今回作成した本参考資料は，平成23年の「評価規準の作成，評価方法等の工夫改善のための参考資料」を踏襲するものであるが，以下のような変更点があることに留意が必要である[14]。

　まず，平成23年の参考資料において使用していた「評価規準に盛り込むべき事項」や「評価規準の設定例」については，報告において「現行の参考資料のように評価規準を詳細に示すのではなく，各教科等の特質に応じて，学習指導要領の規定から評価規準を作成する際の手順を示すことを基本とする」との指摘を受け，第2編において示すことを改め，本参考資料の第3編における事例の中で，各教科等の事例に沿った評価規準を例示したり，その作成手順等を紹介したりする形に改めている。

　次に，本参考資料の第2編に示す「内容のまとまりごとの評価規準」は，平成23年の「評価規準の作成，評価方法等の工夫改善のための参考資料」において示した「評価規準に盛り込むべき事項」と作成の手順を異にする。具体的には，「評価規準に盛り込むべき事項」は，平成20年改訂学習指導要領における各教科等の目標，各学年（又は分野）の目標及び内容の記述を基に，学習評価及び指導要録の改善通知で示している各教科等の評価の観点及びその趣旨，学年（又は分野）別の評価の観点の趣旨を踏まえて作成したものである。

　また，平成23年の参考資料では「評価規準に盛り込むべき事項」をより具体化したものを「評価規準の設定例」として示している。「評価規準の設定例」は，原則として，学習指導要領の各教科等の目標，学年（又は分野）別の目標及び内容のほかに，当該部分の学習指導要領解説（文部科学省刊行）の記述を基に作成していた。他方，本参考資料における「内容のまとまりごとの評価規準」については，平成29年改訂の学習指導要領の目標及び内容が育成を目指す資質・能力に関わる記述で整理されたことから，既に確認のとおり，そこでの「内容のまとまり」ごとの記述を，文末を変換するなどにより評価規準とすることを可能としており，学習指導要領の記載と表裏一体をなす関係にあると言える。

　さらに，「主体的に学習に取り組む態度」の「各教科等・各学年等の評価の観点の趣旨」についてである。前述のとおり，従前の「関心・意欲・態度」の観点から「主体的に学習に取り組む態度」の観点に改められており，「主体的に学習に取り組む態度」の観点に関しては各学年（又は分野）の「1　目標」を参考にしつつ，必要に応じて，改善等通知別紙4に示された学年（又は分野）別の評価の観点の趣旨のうち「主体的に学習に取り組む態度」に関わる部分を用いて「内容のまとまりごとの評価規準」を作成する必要がある。

---

[14] 特別活動については，これまでも三つの観点に基づいて児童生徒の資質・能力の育成を目指し，指導に生かしてきたところであり，上記の変更点に該当するものではないことに留意が必要である。

報告にあるとおり，「主体的に学習に取り組む態度」は，現行の「関心・意欲・態度」の観点の本来の趣旨であった，各教科等の学習内容に関心をもつことのみならず，よりよく学ぼうとする意欲をもって学習に取り組む態度を評価することを改めて強調するものである。また，本観点に基づく評価としては，「主体的に学習に取り組む態度」に係る各教科等の評価の観点の趣旨に照らし，

　① 知識及び技能を獲得したり，思考力，判断力，表現力等を身に付けたりすることに向けた粘り強い取組を行おうとする側面と，

　② ①の粘り強い取組を行う中で，自らの学習を調整しようとする側面，

という二つの側面を評価することが求められるとされた[15]。

　以上の点から，今回の改善等通知で示した「主体的に学習に取り組む態度」の「各教科等・各学年等の評価の観点の趣旨」は，平成22年通知で示した「関心・意欲・態度」の「各教科等・各学年等の評価の観点の趣旨」から改められている。

---

[15] 各教科等によって，評価の対象に特性があることに留意する必要がある。例えば，体育・保健体育科の運動に関する領域においては，公正や協力などを，育成する「態度」として学習指導要領に位置付けており，各教科等の目標や内容に対応した学習評価が行われることとされている。

第2編

「内容のまとまりごとの評価規準」
を作成する際の手順

1 中学校数学科の「内容のまとまり」

中学校数学科における「内容のまとまり」は，以下のようになっている。

〔第1学年〕

「A数と式」(1) 正の数と負の数

「A数と式」(2) 文字を用いた式

「A数と式」(3) 一元一次方程式

「B図形」(1) 平面図形

「B図形」(2) 空間図形

「C関数」(1) 比例，反比例

「Dデータの活用」(1) データの分布

「Dデータの活用」(2) 不確定な事象の起こりやすさ

〔第2学年〕

「A数と式」(1) 文字を用いた式

「A数と式」(2) 連立二元一次方程式

「B図形」(1) 基本的な平面図形の性質

「B図形」(2) 図形の合同

「C関数」(1) 一次関数

「Dデータの活用」(1) データの分布

「Dデータの活用」(2) 不確定な事象の起こりやすさ

〔第3学年〕

「A数と式」(1) 正の数の平方根

「A数と式」(2) 簡単な多項式

「A数と式」(3) 二次方程式

「B図形」(1) 図形の相似

「B図形」(2) 円周角と中心角の関係

「B図形」(3) 三平方の定理

「C関数」(1) 関数 $y = ax^2$

「Dデータの活用」(1) 標本調査

2　中学校数学科における「内容のまとまりごとの評価規準」作成の手順

　ここでは，第1学年の「A数と式（1）正の数と負の数」を取り上げて，「内容のまとまりごとの評価規準」作成の手順を説明する。

　まず，学習指導要領に示された教科及び学年の目標を踏まえて，「評価の観点及びその趣旨」が作成されていることを理解する。その上で，①及び②の手順を踏む。

＜例　第1学年の「A数と式（1）正の数と負の数」＞

【中学校学習指導要領 第2章 第3節　数学「第1　目標」】

　数学的な見方・考え方を働かせ，数学的活動を通して，数学的に考える資質・能力を次のとおり育成することを目指す。

（1）	（2）	（3）
数量や図形などについての基礎的な概念や原理・法則などを理解するとともに，事象を数学化したり，数学的に解釈したり，数学的に表現・処理したりする技能を身に付けるようにする。	数学を活用して事象を論理的に考察する力，数量や図形などの性質を見いだし統合的・発展的に考察する力，数学的な表現を用いて事象を簡潔・明瞭・的確に表現する力を養う。	数学的活動の楽しさや数学のよさを実感して粘り強く考え，数学を生活や学習に生かそうとする態度，問題解決の過程を振り返って評価・改善しようとする態度を養う。

（中学校学習指導要領 P.65）

【改善等通知 別紙4　算数・数学（1）評価の観点及びその趣旨　＜中学校　数学＞】

知識・技能	思考・判断・表現	主体的に学習に取り組む態度
・数量や図形などについての基礎的な概念や原理・法則などを理解している。 ・事象を数学化したり，数学的に解釈したり，数学的に表現・処理したりする技能を身に付けている。	数学を活用して事象を論理的に考察する力，数量や図形などの性質を見いだし統合的・発展的に考察する力，数学的な表現を用いて事象を簡潔・明瞭・的確に表現する力を身に付けている。	数学的活動の楽しさや数学のよさを実感して粘り強く考え，数学を生活や学習に生かそうとしたり，問題解決の過程を振り返って評価・改善しようとしたりしている。

（改善等通知　別紙4　P.6）

【中学校学習指導要領 第２章 第３節　数学「第２　各学年の目標及び内容」〔第１学年〕１　目標】

（１）	（２）	（３）
正の数と負の数，文字を用いた式と一元一次方程式，平面図形と空間図形，比例と反比例，データの分布と確率などについての基礎的な概念や原理・法則などを理解するとともに，事象を数理的に捉えたり，数学的に解釈したり，数学的に表現・処理したりする技能を身に付けるようにする。	数の範囲を拡張し，数の性質や計算について考察したり，文字を用いて数量の関係や法則などを考察したりする力，図形の構成要素や構成の仕方に着目し，図形の性質や関係を直観的に捉え論理的に考察する力，数量の変化や対応に着目して関数関係を見いだし，その特徴を表，式，グラフなどで考察する力，データの分布に着目し，その傾向を読み取り批判的に考察して判断したり，不確定な事象の起こりやすさについて考察したりする力を養う。	数学的活動の楽しさや数学のよさに気付いて粘り強く考え，数学を生活や学習に生かそうとする態度，問題解決の過程を振り返って検討しようとする態度，多面的に捉え考えようとする態度を養う。

（中学校学習指導要領 P.65）

【改善等通知 別紙４　算数・数学（２）学年別の評価の観点の趣旨

＜中学校　数学＞第１学年】

知識・技能	思考・判断・表現	主体的に学習に取り組む態度
・正の数と負の数，文字を用いた式と一元一次方程式，平面図形と空間図形，比例と反比例，データの分布と確率などについての基礎的な概念や原理・法則などを理解している。 ・事象を数理的に捉えたり，数学的に解釈したり，数学的に表現・処理したりする技能を身に付けている。	数の範囲を拡張し，数の性質や計算について考察したり，文字を用いて数量の関係や法則などを考察したりする力，図形の構成要素や構成の仕方に着目し，図形の性質や関係を直観的に捉え論理的に考察する力，数量の変化や対応に着目して関数関係を見いだし，その特徴を表，式，グラフなどで考察する力，データの分布に着目し，その傾向を読み取り批判的に考察して判断したり，不確定な事象の起こりやすさについて考察したりする力を身に付けている。	数学的活動の楽しさや数学のよさに気付いて粘り強く考え，数学を生活や学習に生かそうとしたり，問題解決の過程を振り返って検討しようとしたり，多面的に捉え考えようとしたりしている。

（改善等通知　別紙４　P.9）

① 各教科における「内容のまとまり」と「評価の観点」との関係を確認する。

　中学校数学科においては，下記の通り，各内容のまとまりの「ア」が「知識及び技能」に関する内容であり，「イ」が「思考力，判断力，表現力等」に関する内容である。

（1）正の数と負の数について，数学的活動を通して，次の事項を身に付けることができるよう指導する。
　　ア　次のような知識及び技能を身に付けること。
　　　　(ｱ) 正の数と負の数の必要性と意味を理解すること。
　　　　(ｲ) 正の数と負の数の四則計算をすること。
　　　　(ｳ) 具体的な場面で正の数と負の数を用いて表したり処理したりすること。
　　イ　次のような思考力，判断力，表現力等を身に付けること。
　　　　(ｱ) 算数で学習した数の四則計算と関連付けて，正の数と負の数の四則計算の方法を考察し表現すること。
　　　　(ｲ) 正の数と負の数を具体的な場面で活用すること。

> （下線）…知識及び技能に関する内容
> （波線）…思考力，判断力，表現力等に関する内容

② 【観点ごとのポイント】を踏まえ，「内容のまとまりごとの評価規準」を作成する。

（1）「内容のまとまりごとの評価規準」を作成する際の【観点ごとのポイント】

○「知識・技能」のポイント
・基本的に，当該「内容のまとまり」で育成を目指す資質・能力に該当する「知識及び技能」で示された内容をもとに，その文末を「～している」「～することができる」などとして評価規準を作成する。

○「思考・判断・表現」のポイント
・基本的に，当該「内容のまとまり」で育成を目指す資質・能力に該当する「思考力，判断力，表現力等」で示された内容をもとに，その文末を「～することができる」として評価規準を作成する。

○「主体的に学習に取り組む態度」のポイント
・基本的に，当該学年の「主体的に学習に取り組む態度」の観点の趣旨をもとに，当該「内容のまとまり」で育成を目指す「知識及び技能」や「思考力，判断力，表現力等」の指導事項等を踏まえ，その文末を「～している」として評価規準を作成する。
　※なお，各学年の統計に関わる「内容のまとまり」については，その文末に「多様な考えを認め，よりよく問題解決しようとしている（1年：多面的に捉え考えようとしている）」などを加えて評価規準を作成する。

（2）学習指導要領の「2　内容」及び「内容のまとまりごとの評価規準（例）」

	知識及び技能	思考力，判断力，表現力等	学びに向かう力，人間性等
学習指導要領 2 内容	ア(ア)　正の数と負の数の必要性と意味を理解すること。 ア(イ)　正の数と負の数の四則計算をすること。 ア(ウ)　具体的な場面で正の数と負の数を用いて表したり処理したりすること。	イ(ア)　算数で学習した数の四則計算と関連付けて，正の数と負の数の四則計算の方法を考察し表現すること。 イ(イ)　正の数と負の数を具体的な場面で活用すること。	※内容には，学びに向かう力，人間性等について示されていないことから，該当学年目標(3)を参考にする。

	知識・技能	思考・判断・表現	主体的に学習に取り組む態度
内容のまとまりごとの評価規準　例	・正の数と負の数の必要性と意味を理解している。 ・正の数と負の数の四則計算をすることができる。 ・具体的な場面で正の数と負の数を用いて表したり処理したりすることができる。	・算数で学習した数の四則計算と関連付けて，正の数と負の数の四則計算の方法を考察し表現することができる。 ・正の数と負の数を具体的な場面で活用することができる。	・正の数と負の数のよさに気付いて粘り強く考え，正の数と負の数について学んだことを生活や学習に生かそうとしたり，正の数と負の数を活用した問題解決の過程を振り返って検討しようとしたりしている。 ※必要に応じて学年別の評価の観点の趣旨のうち「主体的に学習に取り組む態度」に関わる部分を用いて作成する。

第３編

単元ごとの学習評価について
（事例）

第1章　「内容のまとまりごとの評価規準」の考え方を踏まえた評価規準の作成

1　本編事例における学習評価の進め方について

　単元における観点別学習状況の評価を実施するに当たり，まずは年間の指導と評価の計画を確認することが重要である。その上で，学習指導要領の目標や内容，「内容のまとまりごとの評価規準」の考え方等を踏まえ，以下のように進めることが考えられる。なお，複数の単元にわたって評価を行う場合など，以下の方法によらない事例もあることに留意する必要がある。

評価の進め方	留意点
1　単元の目標を作成する	○　学習指導要領の目標や内容，学習指導要領解説等を踏まえて作成する。 ○　生徒の実態，前単元までの学習状況等を踏まえて作成する。 ※　単元の目標及び評価規準の関係性（イメージ）については下図参照 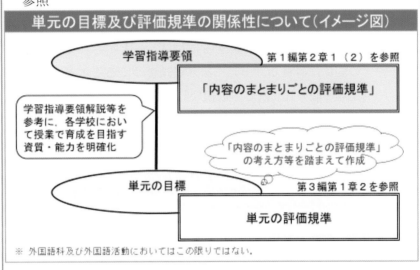
2　単元の評価規準を作成する	
3　「指導と評価の計画」を作成する	○　1，2を踏まえ，評価場面や評価方法等を計画する。 ○　どのような評価資料（生徒の反応やノート，ワークシート，作品等）を基に，「おおむね満足できる」状況（B）と評価するかを考えたり，「努力を要する」状況（C）への手立て等を考えたりする。
授業を行う	○　3に沿って観点別学習状況の評価を行い，生徒の学習改善や教師の指導改善につなげる。
4　観点ごとに総括する	○　集めた評価資料やそれに基づく評価結果などから，観点ごとの総括的評価（A，B，C）を行う。

2 単元の評価規準の作成のポイント

　中学校数学科においては，単元の目標と第2編に示した「内容のまとまりごとの評価規準（例）」を基に，単元の評価規準を作成する。その際，中学校学習指導要領の内容における〔用語・記号〕，〔内容の取扱い〕の各事項も含めて評価規準を設定する。また，「内容のまとまりごとの評価規準(例)」の中には，そのまま位置付けることができるものもあるが，単元計画における学習指導の進め方との関係で，「内容のまとまりごとの評価規準」の一つを二つ以上に分割して設定することや，学習指導で取り上げる問題や教材等に即して設定することも考えられる。その際，該当する中学校学習指導要領解説（数学編）の記述も参考にして設定することが大切である。

　単元の評価規準の作成のポイントは，以下のとおりである。

（1）知識・技能

・基本的に，単元の目標と「内容のまとまりごとの評価規準（例）」を基に，中学校学習指導要領の内容における〔用語・記号〕，〔内容の取扱い〕の各事項も含めて評価規準を設定する。

　　単元の目標を基に設定することについて，例えば，第1学年の「一元一次方程式」の単元においては，単元（学年）の目標に「事象を数理的に捉えたり，数学的に解釈したり，数学的に表現・処理したりする技能を身に付ける」と示されている。このことから，「事象の中の数量やその関係に着目し，一元一次方程式をつくることができる」などの評価規準を設定する。

　　〔用語・記号〕，〔内容の取扱い〕の各事項を含めて設定することについて，例えば，第1学年の「正の数と負の数」の単元においては，〔用語・記号〕として，「自然数，素数，符号，絶対値」が示されている。このことから，それらの用語に関わる評価規準を設定する。また，〔内容の取扱い〕では，「(1)　内容の「A数と式」の (1) に関連して，自然数を素数の積として表すことを取り扱うものとする」ことが示されていることから，それらの内容に関わる評価規準を設定する。

（2）思考・判断・表現

・基本的に，単元の目標と「内容のまとまりごとの評価規準（例）」を基に，中学校学習指導要領の内容における〔用語・記号〕，〔内容の取扱い〕の各事項も含めて評価規準を設定する。

　　〔用語・記号〕の各事項を含めて設定することについて，例えば，第2学年の「図形の合同」の単元においては，〔用語・記号〕として「反例」が示されていることから，「命題が正しくないことを証明するために，反例をあげることができる」などの評価規準を設定する。

　　また，〔内容の取扱い〕の各事項を含めて設定することについて，例えば，第1学年の「正の数と負の数」の単元においては，〔内容の取扱い〕で，「(2)　内容の「A数と式」の (1) のアとイの(ア)に関連して，数の集合と四則計算の可能性を取り扱うものとする」ことが示されていることから，それらの内容に関わる評価規準を設定する。

（3）主体的に学習に取り組む態度

・基本的に，単元の目標と「内容のまとまりごとの評価規準（例）」を基に，当該内容のまとまりで育成を目指す「知識及び技能」や「思考力，判断力，表現力等」の指導事項等を踏まえて評価規準を設定する。例えば，第1学年の「正の数と負の数」の単元において，「内容のまと

まりごとの評価規準（例）」は「正の数と負の数のよさに気付いて粘り強く考え，正の数と負の数について学んだことを生活や学習に生かそうとしたり，正の数と負の数を活用した問題解決の過程を振り返って検討しようとしたりしている」である。これを基に，単元の評価規準を，

「正の数と負の数の必要性と意味を考えようとしている」

「正の数と負の数について学んだことを生活や学習に生かそうとしている」

「正の数と負の数を活用した問題解決の過程を振り返って検討しようとしている」

などと分割して設定する。

第１学年Ａ（１）「正の数と負の数」における「内容のまとまりごとの評価規準（例）」及び 「単元の評価規準（例）」

内容のまとまりごとの評価規準（例）	知識・技能	思考・判断・表現	主体的に学習に取り組む態度
	・正の数と負の数の必要性と意味を理解している。 ・正の数と負の数の四則計算をすることができる。 ・具体的な場面で正の数と負の数を用いて表したり処理したりすることができる。	・算数で学習した数の四則計算と関連付けて，正の数と負の数の四則計算の方法を考察し表現することができる。 ・正の数と負の数を具体的な場面で活用することができる。	・正の数と負の数のよさに気付いて粘り強く考え，正の数と負の数について学んだことを生活や学習に生かそうとしたり，正の数と負の数を活用した問題解決の過程を振り返って検討しようとしたりしている。

単元の評価規準（例）	知識・技能	思考・判断・表現	主体的に学習に取り組む態度
	・正の数と負の数の必要性と意味を理解している。 ・自然数や整数，素数，正の数と負の数の大小関係，符号，絶対値の意味を理解している。 ・正の数と負の数の四則計算をすることができる。 ・具体的な場面で正の数と負の数を用いて表したり処理したりすることができる。 ・１より大きい自然数を素因数分解することができる。	・算数で学習した数の四則計算と関連付けて，正の数と負の数の四則計算の方法を考察し表現することができる。 ・数の集合と四則計算の可能性について捉え直すことができる。 ・正の数と負の数を活用して様々な事象における変化や状況を考察し表現することができる。 ・自然数を素数の積として表すことにより，約数，倍数などの整数の性質について捉え直すことができる。	・正の数と負の数の必要性と意味を考えようとしている。 ・正の数と負の数について学んだことを生活や学習に生かそうとしている。 ・正の数と負の数を活用した問題解決の過程を振り返って検討しようとしている。

※　上記の例を基にして，自校の教育課程における単元内容や，学習指導で取り上げる問題，教材等に即して評価規準を設定することも考えられる。

第2章　学習評価に関する事例について

1　事例の特徴

　第1編第1章2（4）で述べた学習評価の改善の基本的な方向性を踏まえつつ，平成29年改訂学習指導要領の趣旨・内容の徹底に資する評価の事例を示すことができるよう，本参考資料における事例は，原則として以下のような方針を踏まえたものとしている。

第3編

○　**単元に応じた評価規準の設定から評価の総括までとともに，生徒の学習改善及び教師の指導改善までの一連の流れを示している**

　本参考資料で提示する事例は，いずれも，単元の評価規準の設定から評価の総括までとともに，評価結果を生徒の学習改善や教師の指導改善に生かすまでの一連の学習評価の流れを念頭においたものである（事例の一つは，この一連の流れを特に詳細に示している）。なお，観点別の学習状況の評価については，「おおむね満足できる」状況，「十分満足できる」状況，「努力を要する」状況と判断した生徒の具体的な状況の例などを示している。「十分満足できる」状況という評価になるのは，生徒が実現している学習の状況が質的な高まりや深まりをもっていると判断されるときである。

○　**観点別の学習状況について評価する時期や場面の精選について示している**

　報告や改善等通知では，学習評価については，日々の授業の中で生徒の学習状況を適宜把握して指導の改善に生かすことに重点を置くことが重要であり，観点別の学習状況についての評価は，毎回の授業ではなく原則として単元や題材など内容や時間のまとまりごとに，それぞれの実現状況を把握できる段階で行うなど，その場面を精選することが重要であることが示された。このため，観点別の学習状況について評価する時期や場面の精選について，「指導と評価の計画」の中で，具体的に示している。

○　**評価方法の工夫を示している**

　生徒の反応やノート，ワークシート，作品等の評価資料をどのように活用したかなど，評価方法の多様な工夫について示している。

2　各事例概要一覧と事例

事例1　キーワード　指導と評価の計画から評価の総括まで
「一次関数」（第2学年）

　第2学年「一次関数」の単元を例として，単元の目標や単元の評価規準の設定から，指導と評価の計画の作成，観点別学習状況の評価の進め方，単元における観点別学習状況の評価の総括に至る流れを示した事例である。3観点の評価の進め方については具体的な場面を取り上げて簡潔に示し，単元における総括の進め方については複数の方法を例示している。

事例2　キーワード　「知識・技能」の評価
「一元一次方程式」（第1学年）

　第1学年「一元一次方程式」の単元を例として，「知識・技能」の観点について評価する方法を示した事例である。本事例では，小単元における「知識・技能」の観点の評価の進め方や，指導と評価のあり方についての例を示している。「知識・技能」の観点の評価については，授業における生徒の「知識及び技能」がどの程度定着しているか，より概念的な理解となっているかを見取ることが大切である。本事例では，そのための行動観察の方法や小テスト作成の考え方を例示している。

事例3　キーワード　「思考・判断・表現」の評価，レポートによる評価
「三角形と四角形」（第2学年）

　第2学年「三角形と四角形」の単元を例として，「思考・判断・表現」の観点について評価する方法を示した事例である。本事例では，教科目標に示された「数量や図形などの性質を見いだし統合的・発展的に考察し表現する力」の育成について取り上げている。授業において，問題づくりに取り組み，レポートにまとめる場面を設定し，その問題づくりの過程や生徒がつくった問題から「思考・判断・表現」の観点について評価する方法を例示している。

事例4　キーワード　「主体的に学習に取り組む態度」の評価
「二次方程式」（第3学年）

　第3学年「二次方程式」の単元を例として，「主体的に学習に取り組む態度」の観点について評価する方法を示した事例である。本事例では，学習改善に向かって自らの学習を調整しようとする態度を養うことについて取り上げている。「主体的に学習に取り組む態度」の観点の評価の方法については，授業における生徒のノートやワークシートの記述から見取る方法や，考えをノートに記述することが困難であるなど，配慮が必要な生徒がいる場合の評価の例も示すなど「主体的に学習に取り組む態度」の観点における多様な評価の方法を例示している。

数学科　　事例1

キーワード　指導と評価の計画から評価の総括まで

単元名	内容のまとまり
一次関数	第2学年C(1)「一次関数」

1　単元の目標

(1)　一次関数についての基礎的な概念や原理・法則などを理解するとともに，事象を数学化したり，数学的に解釈したり，数学的に表現・処理したりする技能を身に付ける。

(2)　関数関係に着目し，その特徴を表，式，グラフを相互に関連付けて考察し表現することができる。

(3)　一次関数について，数学的活動の楽しさや数学のよさを実感して粘り強く考え，数学を生活や学習に生かそうとする態度，問題解決の過程を振り返って評価・改善しようとする態度を身に付ける。

2　単元の評価規準

知識・技能	思考・判断・表現	主体的に学習に取り組む態度
①一次関数について理解している。 ②事象の中には一次関数として捉えられるものがあることを知っている。 ③二元一次方程式を関数を表す式とみることができる。 ④変化の割合やグラフの傾きの意味を理解している。 ⑤一次関数の関係を表，式，グラフを用いて表現したり，処理したりすることができる。	①一次関数として捉えられる二つの数量について，変化や対応の特徴を見いだし，表，式，グラフを相互に関連付けて考察し表現することができる。 ②一次関数を用いて具体的な事象を捉え考察し表現することができる。	①一次関数について考えようとしている。 ②一次関数について学んだことを生活や学習に生かそうとしている。 ③一次関数を活用した問題解決の過程を振り返って評価・改善しようとしている。

3　指導と評価の計画（17時間）

　学習評価については，教師の指導改善や生徒の学習改善に生かすことが重要であり，指導と評価の計画を立てる段階から，評価のタイミングや方法等を考えておくことが大切である。観点別学習状況の評価が適切に実施できるよう，日々の授業の中では生徒の学習状況を適宜把握して指導に生かすことに重点を置きつつ，「知識・技能」及び「思考・判断・表現」の評価の記録については，単元や題材等のまとまりの中で，それぞれの実現状況が把握できる段階で評価を行うなど評価場面の精選をすることが大切である。そこで，以下のとおり参考となるような指導と評価の計画を作成した。

本単元「一次関数」を，内容のまとまりである三つの小単元と単元のまとめで構成し，それぞれの授業時間数を次のように定めた。

小単元等	授業時間数	
１．事象と一次関数	２時間	
２．一次関数の特徴	９時間	17時間
３．一次関数の利用	５時間	
単元のまとめ	１時間	

　各授業時間の指導のねらい，生徒の学習活動及び重点，評価方法等は次の表のとおりである。

時間	ねらい・学習活動	重点	記録	備考
1	・具体的な事象を捉え考察することを通して，問題の解決に必要な二つの変数を取り出し，それらの関係を表や座標平面上に表すことができるようにするとともに，一次関数の定義を理解できるようにする。	知		知①：行動観察
2	・いろいろな事象で二つの変数の関係を $y=ax+b$ で表すことを通して，事象の中には一次関数として捉えられるものがあることを理解できるようにする。 ・小単元１の学習を振り返って，「学びの足跡」シートに分かったことや疑問などを記述することを通して，その後の学習を見通すことができるようにする。	知 態		知②：小テスト ※小テストの結果は指導等に生かす。 態①③：「学びの足跡」シート ※小単元２以降の指導等に生かす。
3	・２変数の関係を事象から一旦切り離して抽象化し，表から式を求めたり，式から表をつくったりすることを通して，一次関数の変化の割合について理解し，一次関数の表の値から変化の割合を求めることができるようにする。 ・一次関数の二つの数量の関係を表す表，式の相互関係を考察することを通して，一次関数の特徴を見いだし表現することができるようにする。	知		知④：小テスト ※理解が不十分な場合，既習の事象を関連付けて補説する。 思①：行動観察
4	・一次関数の二つの数量の関係について，表の値からグラフで表すことができるようにする。	知		知⑤：行動観察
5	一次関数の二つの数量の関係を表す表，式，グラフの相互関係について考察することを通して， ・一次関数の特徴を見いだし表現できるようにする。 ・一次関数の特徴に基づいて，グラフで表すことができるようにする。	知	○	思①：行動観察 知④⑤：小テスト ※第３，４時から知識及び技能が高まった状況を評価する。
6	・直線の式が一つに決まるための条件や直線の式を求める方法	思		思①：行動観察

	を考察し表現することを通して，一次関数のグラフから直線の式を求めることができるようにする。			
7	・与えられた条件から直線の式を求めることを通して，1点の座標と傾きから直線の式を求めることができるようにするとともに，2点の座標から直線の式を求めることができるようにする。	知	○	知⑤：小テスト ※前時から知識及び技能が高まった状況を評価する。
8	周一定の二等辺三角形における底辺と等辺の関係を，変域を意識しながら考察し表現することを通して， ・二元一次方程式を一次関数としてみることができるようにする。 ・具体的な事象における数量の関係の表し方を見直し，よりよいものに改善しようとする態度を養う。	思 態	○	思①②：行動観察 態③：行動観察 ノート
9	・二元一次方程式のグラフをかいたり，二つの二元一次方程式のグラフの交点の座標を求めたりすることを通して，座標平面上の2直線の交点の座標は，連立方程式の解として求められることを理解できるようにする。	知		知③：行動観察
10	・変域を考える必要がある問題に取り組むことを通して，変域のあるグラフをかくことができるようにするとともに，x の変域から y の変域を求めることができるようにする。	知		知⑤：行動観察
11	・一次関数の特徴に関する練習問題に取り組み，これまで学習したことがどの程度身に付いているかを自己評価することができるようにする。 ・小単元2までの学習を振り返り，「学びの足跡」シートに分かったことや疑問などを記述することを通して，その後の学習を見通すことができるようにする。	知 態	○	知①～⑤：小テスト 態③：「学びの足跡」シート ※小単元3以降の指導等に生かす。
12	・長方形の辺上の点が動いたとき，頂点と動点を結んでできる三角形の面積について考察することを通して，具体的な事象から二つの数量を取り出し，その関係を表，式，グラフを用いて表現することができるようにする。	思		思②：行動観察
13	・複数の料金設定から，Tシャツのプリント料金が安い設定を見いだし，その理由を説明することを通して，現実的な事象から二つの数量を取り出し，一次関数のグラフを基にして考察し表現することができるようにする。	思	○	思②：ノート
14	・水を熱し始めてからの時間と水温の関係が一次関数といえるかどうかを，表やグラフなどを用いて考察することを通して，現実的な事象における二つの数量の関係を一次関数とみなして問題を解決する方法について理解できるようにする。	知		知②：行動観察

15	・気温が標高の一次関数であるとみなし，富士山の６合目の気温を予測することを通して，現実的な事象から二つの数量を取り出し，理想化・単純化することにより，その関係を一次関数とみなして問題を解決することができるようにする。	思		思②：行動観察
16	・小単元３や単元全体の学習を振り返って，「学びの足跡」シートに分かったことや疑問，問題の解決に有効であった方法などを記述することを通して，学習の成果を実感できるようにする。	思	○	思②：小テスト
		態	○	態①～③：行動観察，「学びの足跡」シート
17	・単元全体の学習内容についてのテストに取り組み，単元で学習したことがどの程度身に付いているかを自己評価することができるようにする。	知	○	知①～⑤：単元テスト
		思	○	思①②：単元テスト

　表中の「重点」は，重点的に生徒の学習状況を見取る観点を示しており，観点の略称は以下の通り。

　　　知識・技能…「知」　　思考・判断・表現…「思」　　主体的に学習に取り組む態度…「態」

　なお，重点としていない観点についても，生徒の学習状況を評価し，教師の指導改善や生徒の学習改善に生かすことは重要である。

　また「記録」は，評価規準に照らして，「十分満足できる」状況（A），「おおむね満足できる」状況（B），「努力を要する」状況（C）のいずれであるかを判断し，全員の学習状況を記録に残すものに○を付している。

　さらに「備考」には，生徒の学習状況を把握するために想定される評価方法を次のように示している。

- ・行動観察：授業中に机間指導等を通じて捉えた生徒の学習への取組の様子，発言やつぶやきの内容，ノートの記述内容などに基づいて評価する。
- ・ノート　：授業後に生徒のノートやワークシート，レポート等を回収し，その記述の内容に基づいて評価する。
- ・小テスト：授業中に５～10分程度の小テストを実施して回収し，その結果に基づいて評価する。

4　観点別学習状況の評価の進め方

（1）知識・技能

　「知識・技能」の評価は，各教科等における学習の過程を通した知識及び技能の習得状況について評価を行うとともに，それらを既有の知識及び技能と関連付けたり活用したりする中で，他の学習や生活の場面でも活用できる程度に概念等を理解したり，技能を習得したりしているかについて評価するものである。中学校数学科においては，数量や図形などについての基礎的な概念や原理・法則などを理解しているかどうかについて評価する。また，事象を数学化したり，数学的に解釈したり，数学的に表現・処理したりする技能を身に付けているかどうかについて評価する。生徒の学習状況を見取る中で，評価規準に照らして，「努力を要する」状況（C）になりそうな生徒を見いだし，「おおむね満足できる」状況（B）となるよう適切に指導することが重要である。

　ペーパーテストを用いて評価を行う際には，事実的な知識の習得を問う問題と，知識の概念的な理解を問う問題とのバランスに配慮するなどの工夫改善を図るとともに，例えば，生徒が文章による説

明をしたり，式やグラフで表したりする場面を設けるなど，多様な方法を適切に取り入れていくこと
が考えられる。本単元の小単元2「一次関数の特徴」においては，単元の評価規準（知④）のうち「変
化の割合の意味を理解している。」について，例えば，次のような評価の方法が考えられる。

（ⅰ）第3時に，一次関数 $y = 2x + 3$ の x の増加量に対する y の増加量の割合が常に2と一定にな
　　っていることに気付き，用語「変化の割合」について知り，複数の一次関数について具体的に
　　変化の割合を確かめる場面を設ける。

（ⅱ）第3時に練習問題に取り組むようにし，この授業の最後に，次の問題で小テストを実施する。

> 下のアからエまでの表は，y が x の一次関数である関係を表しています。この中から，
> 変化の割合が3であるものをすべて選びなさい。
>
> ア
>
> | x | ⋯ | -2 | -1 | 0 | 1 | 2 | ⋯ |
> |---|---|---|---|---|---|---|---|
> | y | ⋯ | 0 | 1 | 2 | 3 | 4 | ⋯ |
>
> イ
>
> | x | ⋯ | -2 | -1 | 0 | 1 | 2 | ⋯ |
> |---|---|---|---|---|---|---|---|
> | y | ⋯ | -2 | 1 | 4 | 7 | 10 | ⋯ |
>
> ウ
>
> | x | ⋯ | -4 | -2 | 0 | 2 | 4 | ⋯ |
> |---|---|---|---|---|---|---|---|
> | y | ⋯ | -10 | -4 | 2 | 8 | 14 | ⋯ |
>
> エ
>
> | x | ⋯ | -2 | -1 | 0 | 1 | 2 | ⋯ |
> |---|---|---|---|---|---|---|---|
> | y | ⋯ | 9 | 6 | 3 | 0 | -3 | ⋯ |

（ⅲ）小テストを回収し，変化の割合の意味を理解しているかどうかについて，まず「イ」を答え
　　ることができるかどうか，さらにこれに加えて「ウ」を答えることができるかどうかで評価す
　　る。「イ」を答えられない生徒には，変化の割合の意味を第3時のノートや教科書を見直して
　　確認し，変化の割合の定義についての知識を身に付けられるようにする。また，「ウ」を答え
　　られない生徒には，x が1ずつ増えた表をかいたり y の増加量を x の増加量で割ったりするな
　　ど，変化の割合の意味について x と y の関係に基づいて理解できるようにする。

　本単元の小単元2「一次関数の特徴」においては，単元の評価規準（知⑤）のうち「一次関数の関
係をグラフを用いて表現することができる。」について，例えば，次のような評価の方法が考えられ
る。

（ⅰ）第4時に，一次関数の表の値からグラフに表す活動を設ける。その上で，第5時に，座標の
　　意味や表，式の特徴などの理解に基づいて複数の一次関数のグラフをかく。それぞれの式
　　$y = ax + b$ の a, b の値とグラフの形状の関係に着目し，特徴について考察し表現する活動を設
　　ける。

（ⅱ）第5時に，式からグラフに表す練習問題に取り組むようにした上で，この授業の最後に，次
　　のような問題で小テストを実施する。

> 　次の一次関数のグラフを，座標平面上にかき入れなさい。
>
> 　（1）$y = 3x - 1$　　　（2）$y = -x + 5$　　　（3）$y = \dfrac{4}{3}x + 3$

（ⅲ）小テストを回収し，一次関数の関係をグラフを用いて表すことができるかどうかについて，

（1）～（3）のグラフをかくことができるかどうかで評価する。式からグラフをかけない生徒には，改めて表の値から点をとることを促したり，グラフの傾きと切片の意味を確認したりして，理解を深めた上でグラフに表すことができるようにする。

　知識と技能は密接に関わっているが，評価を行う際には，学習内容と照らした上で，上記のように分析的に行うことが考えられる。なお，第5時においては，単元の評価規準（知④）のうち「変化の割合の意味を理解している。」についても，第3，4時からの知識及び技能が深まった状況を評価し，総括するための資料として記録に残すことが考えられる。また，小テストなどによる「知識・技能」の観点の評価については，「〇問中，□問正答できればおおむね満足」というように量的に評価するのではなく，問題を工夫するなどして質的に評価することが大切である。

（2）思考・判断・表現

　「思考・判断・表現」の評価は，各教科等の知識及び技能を活用して課題を解決する等のために必要な思考力，判断力，表現力等を身に付けているかどうかを評価するものである。中学校数学科においては，数学を活用して事象を論理的に考察する力，数量や図形などの性質を見いだし統合的・発展的に考察する力，数学的な表現を用いて事象を簡潔・明瞭・的確に表現する力を身に付けているかどうかについて評価する。評価規準に照らして，「努力を要する」状況（C）になりそうな生徒を見いだし，「おおむね満足できる」状況（B）となるよう適切な指導をすることが大切である。また，生徒の優れた思考や判断が現れている状況を捉え，「十分満足できる」状況（A）にあると判断できる生徒を把握し，必要に応じて総括するための資料に反映させることも考えられる。

　評価を行う際には，指導とのバランスに配慮するとともに，総括するための資料として記録に残す適切な場面を明確にして精選する必要がある。

　単元や小単元のまとめになる場面での記録に残す評価として，例えば，本単元の小単元3「一次関数の利用」の終末部分（第15，16時）においては，単元の評価規準「一次関数を用いて具体的な事象を捉え考察し表現することができる。」（思②）について，次のような評価の方法が考えられる。

（i）第14時で，現実的な事象における二つの数量の関係を一次関数とみなして問題を解決する方法について理解できるように指導する。その上で，第15，16時で次のような問題を取り上げ，現実的な事象における二つの数量の関係を理想化・単純化して一次関数とみなして，表，式，グラフで表し，処理するなどして未知の値を予測することについて指導する。

　太一さんたちは，下のパンフレットを見ながら，8月に行く「富士五湖めぐり」と「富士山6合目（2500m）登山」の計画を立てています。太一さんは，持ち物や服装を準備しておこうと，8月の平均気温について調べてみました。しかし，気象庁のウェブサイトを見ても，富士山6合目の気温が見当たりません。そこで，6合目の平均気温を予測するために，富士山周辺の観測所における「標高」と「昨年度の8月の平均気温」を調べ，表1にまとめました。

表1

観測所	標高(m)	平均気温(℃)	観測所	標高(m)	平均気温(℃)
A（甲　府）	273	27.7	D（河口湖）	860	23.3
B（勝　沼）	394	26.7	E（山　中）	992	21.7
C（古　関）	552	24.9	F（富士山）	3775	6.4

　以上のことから，6合目の気温を予測しなさい。

（ⅱ）上記（ⅰ）の指導を基に，次の問題で小テストを実施する。

> 右の図は，8cmのばねにおもりをつる
> す実験で，xgのおもりをつるしたときの
> ばねの長さ$y$cmの関係を表したもので
> す。
> 　このとき，ばねの長さが14.0cmになる
> ときのおもりの重さを，この座標平面を用
> いて予測しなさい。また，どのように予測
> したのかを説明しなさい。

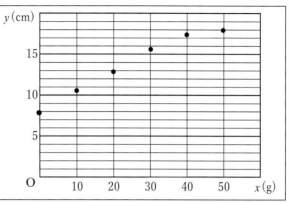

（ⅲ）小テストを回収し，一次関数を用いて具体的な事象を捉え考察し表現することができるかど
　　うかについて評価する。具体的には，（ⅱ）の小テストで，例えば「実験のデータから，$x=40$，
　　50の点を除き，少なくとも$0 \leqq x \leqq 30$の変域で座標平面上の点がほぼ一直線上に並んでいるの
　　で，yはxの一次関数であるとみなして考える。右の2点を除いた4点の多くを通る直線を引
　　いて，$y=14$になるxの値を直線のグラフから読み取ると$x=23$になるから。」などと記述して
　　いるかどうかでみる。記述できない生徒には，第14〜16時の問題解決を振り返って，一次関
　　数とみなすことについて改めて指導したり，点の並びや変域に着目して直線のグラフを座標平
　　面に表すことを促したりして，一次関数とみなして未知の値を予測できるようにする。

（3）主体的に学習に取り組む態度

　「主体的に学習に取り組む態度」の評価に際しては，単に継続的な行動や積極的な発言等を行うな
ど，性格や行動面の傾向を評価するということではなく，知識及び技能を獲得したり，思考力，判断
力，表現力等を身に付けたりするために，自らの学習状況を把握し，学習の進め方について試行錯誤
するなど自らの学習を調整しながら，学ぼうとしているかどうかという意思的な側面を評価すること
が重要である。中学校数学科においては，数学のよさを実感して粘り強く考え，数学を生活や学習
に生かそうとする態度，問題解決の過程を振り返って評価・改善しようとする態度，多様な考えを認
め，よりよく問題解決しようとする態度を身に付けているかどうかについて評価する。本観点の評価
は，知識及び技能を習得させたり，思考力，判断力，表現力等を育成したりする場面に関わって行う
ものであり，その評価の結果を，知識及び技能の習得や思考力，判断力，表現力等の育成に関わる教
師の指導や生徒の学習の改善にも生かすことによりバランスのとれた資質・能力の育成を図るとい
う視点が重要である。すなわち，この観点のみを取り出して，例えば挙手の回数や毎時間ノートを取
っているかなど，その形式的態度を評価することは適当ではなく，他の観点に関わる生徒の学習状況
と照らし合わせながら学習や指導の改善を図ることが重要である。

　本事例では，ある程度長い区切りの中で適切な頻度で評価するため，主に小単元等の区切りで評価
場面を設定した。なお，学習活動を通して身に付けた態度を評価するため，単元や小単元等の導入で
評価したり，単一の授業の冒頭で評価したりして記録に残すことは適切でない。

　本単元の小単元2「一次関数の特徴」（第3〜11時）においては，単元の評価規準「一次関数を活
用した問題解決の過程を振り返って評価・改善しようとしている。」（態③）について，例えば，次の
ような評価の方法が考えられる。

（ⅰ）第1〜7時では，具体的な事象から取り出した二つの数量の関係を表，式，グラフで表したり処理したりすることが，その特徴を調べるための方法として大切であることを指導する。

（ⅱ）第8時では，次の問題を取り上げて数学的活動に取り組む機会を設ける。

> 問題　周の長さが12cmである二等辺三角形の底辺の長さを$x$cm，二つの等しい辺の長さを$y$cmとするとき，xとyの関係をいろいろな方法で表しなさい。

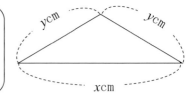

その中で，図形的な事象における二つの数量の関係の特徴を表，式，グラフを用いて表して粘り強く調べようとしているかどうかや，その表現を事象に照らして振り返りながら，xとyの変域について意識し，それを視点として改善しようとしているかどうかについて，行動の観察やノートへの振り返りの記述から評価する。ノートへの記述については，授業の最後に，自身の学びを振り返り，学習の過程や自分の考えの変化がよく分かるように工夫して書かせるなど，生徒が自らの活動の過程を要約して表現することによって，自分の思考や行動を客観的に把握し認識すること（いわゆるメタ認知）を促す。

（ⅲ）ノートを回収し，一次関数を活用した問題解決の過程を振り返って評価・改善しようとしているかについて評価する。具体的には，「はじめは，まったく変域などを考えずに解いてしまって，全く違う表やグラフをかいていた。だけど，途中で班の人と共有して「三角形ができないこともある」や「変域を考えた方がよい」ということなどに気付き，最後には正しい表やグラフをかくことができた。これからも班やクラスの人と協力することで問題に対する視点を広げていきたい。」などの記述を捉えて評価する。記述することが苦手な生徒には個別に声をかけ，どのような過程で活動を進めていったのかなど，その状況を見取ることなどが考えられる。

また，これらに加えて，小単元や単元の学習の後に自らの学びを振り返って1枚程度のシートに記入する機会を設けて，上記の評価に加味するなど，多面的に評価することも考えられる。

例えば，次ページの**図1**のようなシートを活用することが考えられる。シートの上部にある単元の目標と単元の問いは第1時の学習を踏まえて教師から生徒に示す。シートにおける「小単元の問い」は生徒と教師とのやりとりによって決め，生徒が記述できるようにする。その上で，それまでの学習で「わかったこと・大切な考え方など」と「まだはっきりしないこと・知りたいこと」などを，ノートなどを開いて見直しながら記述させるようにする。それにより，小単元の学習の過程を振り返り，問題解決における表，式，グラフのよさや一次関数の特徴のよさなどを実感しているか，一次関数に関連してこれから何について学びたいと思っているか，日常生活や社会において一次関数について学んだことを生かそうとしているかなどについて評価し，各生徒への指導に生かしたり次の小単元の指導展開に生かしたりしていくとともに，必要に応じて総括するための資料として記録に残す。

なお，生徒が記述する内容や教師からの発問の文言，生徒が記述する文章量や時機など，シートの構成等については，生徒の実態に合わせて工夫することが大切である。

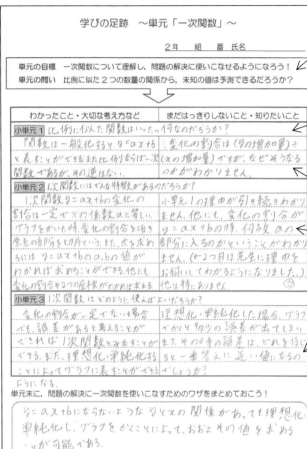

図1　「学びの足跡」シート

第1時の学習活動における生徒とのやりとりを踏まえ，教師から生徒に示す。

第1時の学習活動を踏まえ，第1時の最後に生徒と教師とのやりとりを通じて「小単元1の問い」を決めて生徒が書く。

各小単元の学習後にノートなどを読み返しながら各自が書く。

[小単元1，2の記述]　一次関数の意味や特徴についての学習状況を自己評価した上で，その後更に考えていきたいことが具体的に示されている。

[小単元3の記述]　問題解決するためのよりよい方法を更に知りたいということが具体的に示されている。

単元の評価規準の態①〜③に対してすべて具体的な意思が読み取れるため，「十分満足できる」状況（A）と判断した。

第16時にノートを読み返しながら，問題解決に有効な方法を各自が整理して書く。

5　観点別学習状況の評価の総括

（1）基本的な考え方

　観点別学習状況の評価は，生徒の学習状況を把握することが目的であることを念頭に置き，各観点の実現状況が把握できる段階で記録した評価を基に単元における総括を進めていく。その際，それぞれの観点の特性に配慮するとともに，総括した結果をどのように活用するのかを念頭に置き，総括の方法を考えることが必要である。また，生徒が自己の学習状況の向上を目指して意欲的に学習に取り組めるよう導くことが大切である。

（2）記録に残した評価のまとめ

　原則として，観点別学習状況の評価の単元における総括は，記録に残した評価を中心に実施する。記録に残した評価は，生徒にとって学習の成果としての評価が中心となっているが，学習の過程においても生徒の優れた状況を捉えるなどして単元における総括するための資料に加えることは大切である。したがって，ある授業場面で「十分満足できる」状況（A）にあると判断した生徒について，その具体的な場面と特記事項を必要に応じて記録に残し，単元における総括するための資料に反映させることも考えられる。

　本単元については，例えば**表1**のような表を作り，各観点の評価の結果を整理することが考えられ

る。**表1**では，三つの観点名を「知」，「思」，「態」で略記している。

番	時 名前	5 知	7 知	8 態	11 知	13 思	16 思	16 態	17 知	17 思	備考（生徒の様子に関する特記等）	単元の総括 知	単元の総括 思	単元の総括 態
1	国研　花子													
2	文科　太郎													
3														
4														

表1

（3）単元における総括の進め方

　この**表1**に記入した資料を基に，各観点の評価の単元における総括を進めていくには，例えば，次のような方法が考えられる。

ア　数値で表して合計や平均値などを用いる方法

　評価の結果を数値によって表し，数値から単元における総括を行う。例えば，A＝3，B＝2，C＝1を基本として換算し，観点ごとに単元全体の合計や平均値などを求め，その数値を基に，単元における総括としてのA，B，Cを定める。

イ　一番多い評価を用いる方法

　最も数の多い記号がその単元における学習状況を最もよく表していると考えて，単元における総括を行う。例えば，単元全体でAが2回，Bが1回，Cが0回の観点については，単元における総括をAとする。

ウ　単元の後半の評価を重視する方法

　生徒の学習は，指導の経過とともに深まったり高まったりすると考えて，単元における総括を行う。例えば，単元の指導の経過とともにC→B→B→Aと評価が変化した観点については，単元における総括をAとする。

　ここに示した方法やそれ以外の方法で観点別学習状況の評価の単元における総括を進める場合，三つの観点を同じ方法で総括することは必ずしも必要ではなく，それぞれの観点の特性に配慮して総括の方法を定めることも考えられる。例えば，「主体的に学習に取り組む態度」の評価については，数学を生活や学習に生かそうとする態度，問題解決の過程を振り返って評価・改善しようとする態度，多様な考えを認め，よりよく問題解決しようとする態度等が，意図的・計画的な指導を基にした学習の進行に伴って高まってくることや，今後の学習への動機付けなどに配慮すると，「ウ　単元の後半の評価を重視する方法」を取り入れることも考えられる。

（4）評価の補正

　生徒の学習状況は指導とともに変化するものである。特に「知識・技能」については，最初に評価した段階では「努力を要する」状況（C）であっても，その後の学習を通じて単元の終盤やその後の単元までに「おおむね満足できる」状況（B）または「十分満足できる」状況（A）と判断される場合もある。こうした生徒の変化を把握するため，単元末テストや定期テスト，レポート等の結果，その後の単元での学習活動などを参考にして，これまでの評価結果を適宜補正し，単元における総括するための資料とすることも考えられる。

数学科　　事例2
キーワード　「知識・技能」の評価

単元名	内容のまとまり
一元一次方程式	第1学年Ａ(3)「一元一次方程式」

1　単元の目標

(1) 一元一次方程式についての基礎的な概念や原理・法則などを理解するとともに，事象を数理的に捉えたり，数学的に解釈したり，数学的に表現・処理したりする技能を身に付ける。

(2) 文字を用いて数量の関係や法則などを考察することができる。

(3) 一元一次方程式について，数学的活動の楽しさや数学のよさを実感して粘り強く考え，数学を生活や学習に生かそうとする態度，問題解決の過程を振り返って評価・改善しようとする態度を身に付ける。

2　単元の評価規準

知識・技能	思考・判断・表現	主体的に学習に取り組む態度
①方程式の必要性と意味及び方程式の中の文字や解の意味を理解している。 ②簡単な一元一次方程式を解くことができる。 ③等式の性質と移項の意味を理解している。 ④事象の中の数量やその関係に着目し，一元一次方程式をつくることができる。 ⑤簡単な比例式を解くことができる。	①等式の性質を基にして，一元一次方程式を解く方法を考察し表現することができる。 ②一元一次方程式を具体的な場面で活用することができる。	①一元一次方程式の必要性と意味及び方程式の中の文字や解の意味を考えようとしている。 ②一元一次方程式について学んだことを生活や学習に生かそうとしている。 ③一元一次方程式を活用した問題解決の過程を振り返って検討しようとしている。

3　指導と評価の計画（12時間）

本単元「一元一次方程式」を，内容のまとまりである三つの小単元と単元のまとめで構成し，それぞれの授業時間数を次のように定めた。

小単元等	授業時間数	
1．一元一次方程式とその解	2時間	
2．一元一次方程式の解き方	5時間	15時間
3．一元一次方程式の利用	7時間	
単元のまとめ	1時間	

各授業時間の指導のねらい，生徒の学習活動及び重点，評価方法等は次の表のとおりである。

時間	ねらい・学習活動	重点	記録	備考
1	・まだ分かっていない数量を求める場面で，算数で学んだ内容を振り返りながら，方程式の必要性を理解できるようにする。	知		知①：行動観察
2	・方程式とその解の意味を理解し，文字に値を代入して方程式の解を求めることができるようにする。 ・振り返りシートに分かったことや疑問などを記述することを通して，その後の学習を見通すことができるようにする。	知		知①：小テスト 態①：行動観察 振り返りシート
3	・具体物の操作等を通して等式の性質を知り，これを基に一次方程式を解く方法について考察し表現することができるようにする。	思		知③：行動観察 思①：行動観察
4	・一次方程式を解くときに，移項することで能率的に解くことができることを理解できるようにする。	知		知②③：行動観察
5	・移項して一次方程式を解くことができるようにする。	知		知②③：行動観察
6	・かっこ，小数を含む一次方程式を解くことができるようにする。	知		知②：行動観察
7	・小数，分数を含む一次方程式を解くことができるようにする。 ・一元一次方程式の解き方について振り返り，自分の解き方を改善しようとする態度を養う。	知 態	○	知②③：小テスト ノート 態①②：行動観察 振り返りシート
8	・算数で学んだ方法と比較することなどを通して，方程式を活用して問題を解決する方法を理解できるようにする。	知		知①：行動観察
9	・方程式を個数と代金に関する問題など具体的な場面で活用することを通して，問題の中の数量やその関係に着目し，一元一次方程式をつくることができるようにする。	知		知④：行動観察 小テスト 思②：行動観察
10	・方程式を過不足の問題など具体的な場面で活用することを通して，方程式を活用して問題を解決する方法を理解することができるようにする。	知		知④：行動観察 小テスト 思②：行動観察
11	・速さに関する問題を解決することを通して，方程式を用いて求めた解が問題に適しているかどうかを考え，説明できるようにする。	思	○	思②：行動観察 小テスト
12	・比例式の性質を知り，それを用いて比例式を解くことができるようにする。	知		知⑤：行動観察
13	・比例式の性質を利用して具体的な問題を解くことができるようにする。 ・振り返りシートに分かったことや疑問，問題の解決に有効であった方法などを記述することを通して，学習の成果を実感できるようにする。	思 態	○	思②：行動観察 態②③：行動観察 振り返りシート
14	・小単元で学習したことがどの程度身に付いているかを自己評価できるようにする。	知 思	○ ○	知④：小テスト 思①②：小テスト

第3編
事例2

15	・単元全体の学習内容についてのテストに取り組み，単元で学習したことがどの程度身に付いているかを自己評価することができるようにする。	知	○	知①～⑤： 　　単元テスト
		思	○	思①②： 　　単元テスト

4　観点別学習状況の評価の進め方

（1）小単元3における「知識・技能」の指導と評価

　本小単元においては，第9時で「知識・技能」について評価した結果を学習指導に生かし，指導の結果，第14時で記録に残す評価ができるようにする。

①　目標

・問題の中の数量やその関係を等式で表し，一元一次方程式を用いて問題を解決することができる。

②　評価規準

・事象の中の数量やその関係に着目し，一元一次方程式をつくることができる。

③　第9時の展開

指導と学習活動	評価と配慮事項
１．問題を把握する。	・本時で扱う問題の条件の一部を提示する。組み合わせていくらになるかを具体的に求めることを通して，本時の問題に対する理解を深めていく。

> 問題　よしみさんが家族から買い物を頼まれました。プリンとゼリーを全部で15個買います。2000円で，1個80円のプリンと1個100円のゼリーをそれぞれ何個か買うと，おつりが600円でした。よしみさんはそれぞれ何個買ったのでしょうか。

２．問題を解決するための見通しをもつ。 ・何を文字で表すかを考える。 ・問題の中の数量やその関係について考える。 ３．方程式をつくる方法を考え，解を求める。	・前時までの学習をもとに方程式を活用して解く手順をイメージしながら，学習を進めていく。困ったときには学習したことをノートなどで振り返ることを意識する。 知④：行動観察
＜予想される生徒の反応＞ ・プリンの個数をx個として，ゼリーの個数を$(15-x)$個と表すことはできるが，方程式をつくることはできない。 ・プリンの個数をx個としてゼリーの個数をy個として方程式$x+y=2000-600$をつくる。 ・プリンの個数をx個として， 　方程式$80x+100(15-x)=1400$をつくる。 　　$x=5$　　A．プリン5個，ゼリー10個 ・代金の合計以外を両辺に表して方程式をつくる。 ・表や図を用いて解決する。	※解決の過程で考えたことなどもメモとしてノートに書き記すよう指示する。 ・一方の量を$(15-x)$個と表すことについては，具体的な例をもとに考えさせ，個別に理解が深められるようにする。 ・数量の関係を正しく捉えられない生徒が多い場合には，全体で表に整理して見通しをもてるようにする。（表を書いている生徒がいれば，後で取り上げるようにする。）

4．解決の方法を共有する。

◇考えたことを発表してください。

◇$80x$ はどんな数量を表していますか。

＜予想される生徒の反応＞
・プリン　・プリン1個80円
・1個80円のプリンを x 個買うこと
・プリンの代金

◇つくった方程式はどのような数量の関係を表していますか。

＜予想される生徒の反応＞
・代金の関係
・プリンとゼリーを買ったら1400円になったこと
・プリンの代金とゼリーの代金の和が1400円と等しいこと

5．方程式を活用して問題を解く手順を確認する。

1	求めたい数量を x で表す。
2	問題の中の数量や数量の関係を捉えて方程式をつくる。
3	方程式を解く。
4	求めた解の意味を問題に戻って考える。

6．小テストに取り組む。

次の問題があります。

　ボールペン2本とノート3冊を買ったところ，代金の合計が710円になりました。ボールペン1本の値段は130円です。ノート1冊の値段は何円でしょうか。

この問題を，方程式を使って解くことについて考えます。

（1）ノート1冊の値段を x 円として，方程式をつくりなさい。

（2）上記（1）でつくった方程式はどのような数量の関係を表していますか。言葉で答えなさい。

7．本時の学びを振り返る。

◇方程式をつくるときに大切なことは何でしょう。

・$80x＋100(15－x)＝1400$ を共有する際，式の中の $80x$ や $100(15－x)$ が具体的に何を表しているのか，言葉で表したり単位を確認したりして，文字式の理解を深め，数量の関係を明確にする。

・式が表している意味について，プリンの代金とゼリーの代金を合わせたら1400円だったという意味だけでなく，左辺，右辺ともに代金の合計を表していることを確認する。

・方程式が表している数量の関係を捉えて，「〜と〜が等しいこと」や「両辺とも〜を表していること」と表せるようにする。

・答えを問題場面に戻し，答えが問題に合っているかを確認する。

・単元の導入時の授業や前時のノートを開かせ，方程式を活用して問題を解決する手順を確認する。

・本時は特に「手順2」についての学習であることを示す。

知④：小テスト

・小テストを回収し，指導に生かすために生徒の理解の様子を見取る。

知④：行動観察
思②：行動観察

○第9時における「知識・技能」の指導と評価（第9時以外の評価問題事例等も掲載）

　第9時の評価規準は，「事象の中の数量やその関係に着目し，一元一次方程式をつくることができ

る。」であり，本事例においては，このことを評価するため，次のように授業を計画した。

　第8時では，具体的な場面の問題を，算数で学んだ逆算などを用いた方法と方程式を用いた方法で解き，それぞれの求め方を比較した後，方程式を用いた解き方を全員で確認する。その後，新たな問題を解決する際，机間指導等を通して，生徒の学習状況を把握しながら学習を進める。

　第9時では，方程式を活用して問題を解く方法についても理解できるように配慮する。立式が苦手な生徒も多いことから，方程式をつくる方法について考える場面を設ける。また，答えを求める際には，生徒個々の学習状況を把握して指導に生かすため，途中の式だけでなく，解決の過程で考えたことなどもメモとしてノートに書き記すよう指示する。最後に，等しい数量の関係を文字で表すことができること，そして，その関係を表した一つ一つの項が何を意味しているかを問う評価問題により小テストを実施し，一元一次方程式をつくることができるかどうかについて把握する。この小テストの評価の結果は，第10時の問題解決に向けての指導にも生かせるように考え，方程式をつくることができていない生徒には適切な支援を行うようにする。この小テストにおいて，「おおむね満足できる」状況（B）の回答は，等しい数量の関係を捉えて方程式をつくることができていることとする。また，「十分満足できる」状況（A）の回答は，方程式をつくることができていることに加え，つくった方程式の両辺が何を表しているかを的確に表現していることとする。「努力を要する」状況（C）の生徒の中には，（2）について「710円からノート3冊を買ったら260円になった」など，情況を説明するように記述する生徒が一定数いることが考えられる。このような生徒には，等号を計算の過程を表す記号としてだけではなく，相等関係を表す記号として用いることができるように支援する必要がある。第10時などにおいても，第9時での評価を生かして指導し，左辺と右辺が表している数量をそれぞれ考える機会を設ける。このように計画的に指導することから，両辺ともに同じ数量を表していることについて徐々に理解を深められるようにする。なお，文字を用いて数量の関係や法則などを表したり，文字が表す数量とその関係について理解したりすることについては，本単元のみならず，前単元「文字を用いた式」からの継続的な指導を通して身に付けていく必要がある。

　第10時では，過不足の問題を扱うが，このときに，方程式を活用して問題を解く方法を理解しているかどうかをみる「知識・技能」の小テストを実施し，その後の指導に生かすようにする。さらに，第11時では，速さの問題について方程式を用いて解決すること，求めた解が問題に適しているかどうかを考え，説明することができるかどうかをみる「思考・判断・表現」の小テストを実施する。

　その上で，第14時で次の問題（事象の中の数量やその関係に着目し，一元一次方程式をつくる技能や，方程式の中の数量やその関係についての理解を問う問題）を用いて評価を行う。

次の問題があります。

折り紙を何人かの子どもに配ります。1人に5枚ずつ配ると9枚足りません。1人に3枚ずつ配ると15枚余ります。このときの子どもの人数と折り紙の枚数を求めなさい。

（1）子どもの人数を x 人として，方程式をつくりなさい。

（2）（1）でつくった方程式はどのような数量の関係を表していますか。

（3）　折り紙の枚数を x 枚として次のような方程式をつくりました。また，この方程式はどのような数量の関係を表していますか。

$$\frac{x+9}{5} = \frac{x-15}{3}$$

以下に示すのは，生徒の記述例に対する評価と評価のポイントである。

評価	評価の視点	生徒の記述例
「おおむね満足できる」状況（B）	（1）の立式ができ，（2）の左辺と右辺が表している数量を答えることができている。	・（1）$5x-9=3x+15$ ・（2）両辺とも折り紙の枚数を表していること。 もしくは 1人に5枚ずつ配って9枚足りないときの折り紙の枚数と，1人に3枚ずつ配って15枚余るときの折り紙の枚数が等しいこと。
「十分満足できる」状況（A）	（1）の立式ができ，（2）と（3）の左辺と右辺が表している数量と数量の関係を正しく答えることができている。	（上記に加えて） ・（3）両辺とも子どもの人数を表していること。 もしくは 1人に5枚ずつ配って9枚足りないときの子どもの人数と，1人に3枚ずつ配って15枚余るときの子どもの人数が等しいこと。

第3編
事例2

　「努力を要する」状況（C）の生徒の中には，（1）の立式ができていない生徒と，（2）や（3）の等号を使って表すことの意味が理解できていない生徒がいることが考えられる。（1）の立式ができていない生徒には，等号の左辺と右辺に等しい数量を表すことを図，表や言葉の式から導き，文字を使った式で表すことができるようにする。また，どのような数量を表すのかについて理解できていない生徒には，まず（2）が理解できるようにする。そのために，（1）で求めた左辺や右辺にある$5x$や$3x$が何であるかを確認させ，その次に$5x-9$や$3x+15$がどのような数量を表すのかを導けるようにする。「努力を要する」状況（C）の生徒の中には，（2）について「5にxをかけて9をひいたら，3にxをかけて15をたしたものになった」のように記述する生徒が一定数いることが考えられる。その際には，自分の記述した内容を振り返らせて，等しい数量の関係であることを示していくように，左辺と右辺が何を表しているかを導いていく。

　なお，「知識・技能」の観点に関わる評価規準「簡単な一元一次方程式を解くことができる。」（知②）について，第7時に実施する小テストで「努力を要する」状況（C）と判断された場合でも，第9時の学習過程で正しく方程式を解くことができていた場合にはこれを第7時の評価結果に加味し，活用できる程度に技能を習得していると判断し，第7時の時点での評価結果を「おおむね満足できる」状況（B）と修正することも考えられる。

（2）行動観察や小テストによる「知識・技能」の評価の方法

　「知識・技能」の観点の評価において，多様な評価の方法を取り入れていくことが大切である。例えば，机間指導等を通じて捉えた生徒の学習への取組の様子，発言やつぶやきの内容，ノートの記述内容などに基づいて評価する行動観察や，小テストや単元テスト等を，教師が評価を行う際に考慮する材料の一つとして用いることなどが考えられる。本事例では，次のように二つの評価の方法を例示しているが，生徒の実態等に応じて適切な評価方法を選択することが考えられる。

①　行動観察やノートを基にした指導と評価

　行動観察については，授業中の生徒の発言やつぶやきの内容を捉えたり，机間指導等を通じて生徒

の学習への取組の様子，ノートの記述内容などを捉えたりすることが考えられる。このような行動観察をするため，教材の提示や発問のあり方を検討する必要がある。また，生徒が自分の考えを表現し，それをもとに評価ができるように，生徒同士の対話やノートなどへの記述を促すことも大切である。これらの行動観察によって捉えた生徒の学習状況を指導のねらいに照らして評価し，各生徒への指導や全体への指導の方針を修正する。このように生徒一人一人の学習の成立を促すための評価という視点を一層重視することにより，教師が自らの指導のねらいに応じて授業の中での生徒の学びを振り返り，学習や指導の改善に生かしていくというサイクルを大切にしたい。

　小単元2においては，評価規準「移項の意味を理解している。」（知③）について，次のような評価の方法が考えられる。

> （ｉ）　第4時では，移項の必要性と意味について理解できるような学習活動を設ける。そして，一次方程式を解くときに，移項することで能率的に解くことができることを理解できるようにする。
>
> （ⅱ）　第5時では，移項して一次方程式を解くことができるように指導し，一次方程式を解く過程で，次のような発問を行い，理由をノートに記述するよう指示する。
>
> > 一次方程式 $4x+7=15$ を解きなさい。
> > $$4x+7=15 \quad \cdots\cdots ①$$
> > $$4x=15-7 \quad \cdots\cdots ②$$
> > $$4x=8$$
> > $$x=2$$
>
> 《発問》
> 「①の式から②の式への変形では，7を左辺から右辺に移項しています。移項してよい理由は，等式の性質を基に説明することができます。7を移項してよい理由をノートに書きなさい。」
>
> 　評価規準「移項の意味を理解している。」（知③）について，机間指導等を通して「①の式の両辺から同じ数である7をひいても等式は成り立つから，移項してよい。」と説明することができているかどうかなどを確認する。説明ができていない生徒には，移項の意味を第4時のノートや教科書を開いて見直すことを促すなど学習改善を図るようにする。
>
> （ⅲ）　第7時では，小テストを実施するとともに授業後にノートを集め，移項についての事実的な知識を身に付けているかどうかだけではなく，等式の性質と結び付けて理解するなど，より概念的な理解ができているかどうかについて評価する。なお，ノートを分析する際には，授業時の発問に照らして，生徒の記述内容を見ていく必要がある。

②　小テストなどを基にした指導と評価

　小単元1では，評価規準「方程式の解の意味を理解している。」（知①の一部）について，「方程式の解は，方程式を成り立たせる文字の値である」という事実的な知識として覚えているだけにとどまらないようにしたい。例えば，第2時において右の問題を取り上げると，「この方程式の解は15である」と答える生徒は少なくない。このような生徒は，方程式の解の意味を正しく理解しているとはいえない。このよ

> 　一次方程式 $5x=4x+3$ の左辺と右辺それぞれの x に3を代入すると，次のような計算をすることができます。
> $$5x=4x+3 \quad \text{について}$$
> $$x=3 \quad \text{のとき，}$$
>
> （左辺）$=5\times 3$　　　（右辺）$=12+3$
> 　　　　$=15$　　　　　　　　　$=15$
>
> 　このとき，この方程式の解を答えなさい。

うに解答する生徒には，方程式の解の意味を第1時のノートや教科書を開いて見直すことを促したり，単元を通して方程式の意味を振り返る過程で方程式の解の意味を基に理由を説明する機会を設けたりするなど，より概念的な理解ができるように学習改善を図るようにする。

　小テストなどによる「知識・技能」の観点の評価については，「○問中，□問正答できればおおむね満足」というように量的に評価するのではなく，問題を工夫するなどして質的に評価することが大切である。

　例えば，小単元2第7時においては，評価規準「簡単な一元一次方程式を解くことができる。」（知②）について，次のような評価の方法が考えられる。

（ⅰ）　第5時から第7時の前半にかけて，x の係数が整数，小数，分数である一次方程式や，かっこを含む一次方程式を解くことができるように指導する。

（ⅱ）　第7時の授業の最後に，次のような問題などを使って小テストを実施する。

> 問題例
> （1）　$2x=14$　　　　　（2）　$x+15=-2x$　　　（3）　$5x-7=x-31$
>
> （4）　$4(x+5)=100$　　（5）　$0.1x+2=1.5$　　（6）　$\dfrac{3}{4}x=\dfrac{1}{4}x-6$

（ⅲ）　小テストを回収し，評価規準「簡単な一元一次方程式を解くことができる。」（知②）について，（1）～（6）のような一次方程式を解くことができるかどうかについて評価する。

　　　その際，問題の種類や数については生徒の理解や学習状況によって適切に変えていくことも必要である。また，個々の生徒のつまずきやすい点など把握した内容については，その後の学習指導にも生かすことができるよう工夫する。

数学科　　事例3

キーワード　「思考・判断・表現」の評価，レポートによる評価

単元名	内容のまとまり
三角形と四角形	第2学年B(2)「図形の合同」

1　単元の目標

(1) 平面図形と数学的な推論についての基礎的な概念や原理・法則などを理解するとともに，事象を数学化したり，数学的に解釈したり，数学的に表現・処理したりする技能を身に付ける。

(2) 数学的な推論の過程に着目し，図形の性質や関係を論理的に考察し表現することができる。

(3) 図形の合同について，数学的活動の楽しさや数学のよさを実感して粘り強く考え，数学を生活や学習に生かそうとする態度，問題解決の過程を振り返って評価・改善しようとする態度を身に付ける。

2　単元の評価規準

知識・技能	思考・判断・表現	主体的に学習に取り組む態度
①平面図形の合同の意味及び三角形の合同条件について理解している。 ②証明の必要性と意味及びその方法について理解している。 ③定義や命題の仮定と結論，逆の意味を理解している。 ④反例の意味を理解している。 ⑤正方形，ひし形，長方形が平行四辺形の特別な形であることを理解している。 ⑥≡などの記号を用いて図形の関係を表したり読み取ったりすることができる。	①三角形の合同条件などを基にして三角形や平行四辺形の基本的な性質を論理的に確かめることができる。 ②証明を読んで新たな性質を見いだし表現することができる。 ③三角形や平行四辺形の基本的な性質などを具体的な場面で活用することができる。 ④命題が正しくないことを証明するために，反例をあげることができる。	①証明の必要性と意味及びその方法を考えようとしている。 ②図形の合同について学んだことを生活や学習に生かそうとしている。 ③平面図形の性質を活用した問題解決の過程を振り返って評価・改善しようとしている。

3　指導と評価の計画（27時間）

　本単元「図形の合同」を，内容のまとまりである三つの小単元と単元のまとめで構成し，それぞれの授業時間数を下のように定めた。

小単元等	授業時間数	
1．合同な図形	6時間	27時間
2．三角形	8時間	

3．平行四辺形	12 時間
単元のまとめ	1 時間

　各授業時間の指導のねらい，生徒の学習活動及び重点，評価方法等は次の表のとおりである。本事例に関わりのある小単元2の第7時と小単元3について示す。

小単元2

時間	ねらい・学習活動	重点	記録	備考
7	・証明を振り返り，さらに分かることを考えて問題づくりをすることを通して，統合的・発展的に考えることができるようにする。	思	○	思②：行動観察 レポート

小単元3

時間	ねらい・学習活動	重点	記録	備考
1 2	・具体的な場面を調べることを通して，平行四辺形の定義，性質を理解できるようにするとともに，平行四辺形の性質を利用して辺の長さや角の大きさを求めることができるようにする。 ・平行四辺形の性質を証明することができるようにする。	知		知①②：行動観察
3	・各自で証明のための図をかき考察することから，どんな図でも証明できていることを確かめる。このことを通して，平行四辺形の性質を利用し，図形の性質を証明することができるようにする。	思		思①：行動観察
4	具体的な事象を考察することを通して， ・平行四辺形になるための条件を証明できるようにする。 ・証明の必要性と意味及びその方法を考えようとする態度や，学んだことを生活や学習に生かそうとする態度を養う。	思 態		思③：行動観察 態①②：行動観察
5	・平行四辺形の性質の逆を証明することを通して，平行四辺形になるための条件を見いだすことができるようにする。	思		思②：行動観察
6	・平行四辺形になるための条件を確認し，これまで学んだ平行四辺形になるための条件について理解できるようにする。 ・平行四辺形になるための条件を用いて証明できるようにする。	知 思	○ ○	知①②：小テスト 思①：小テスト
7 8	・平行四辺形になるための条件を用いた証明を振り返り，それに基づいて問題づくりをすることを通して，統合的・発展的に考えることができるようにする。	思	○	思②：行動観察 ノート レポート
9	・二つのテープの重なる部分が長方形やひし形，正方形になる場合を考えることを通して，長方形やひし形，正方形の定義をもとにし，それらが平行四辺形であることを説明できるようにする。	知	○	知⑤：行動観察
10	・長方形やひし形，正方形の対角線の性質を証明したり，その逆が正しくないことを，反例をあげて示したりすることができるようにする。このことを通して，問題解決の過程を振り返って評価・改善しようとする態度を養う。	思 態	○ ○	思④：行動観察 ノート 態③：行動観察 ノート

11	・平行線の性質を使って，多角形の面積を変えずに形を変える方法について考え説明できるようにする。	思		思③：行動観察
12	・小単元３で学習したことがどの程度身に付いているかを自己評価できるようにする。	知	○	知①〜⑥：小テスト
		思	○	思①〜④：小テスト

4 観点別学習状況の評価の進め方

（1）小単元３第８時における「思考・判断・表現」の指導と評価

本時においては，「思考・判断・表現」の観点について，全員の記録をとる評価を行う。

① 目標

・証明に基づいて問題づくりをすることを通して統合的・発展的に考察し表現することができる。

② 評価規準

・証明を読んで新たな性質を見いだし表現することができる。

③ 小単元３第８時の展開

本時の授業では，問題１を証明した後，その問題の証明に基づいて新たな問題づくりを行う。その問題づくりの過程や生徒がつくった問題から「思考・判断・表現」の観点について評価を行う。ここで評価を行う上で，生徒に問題づくりの経験がない中で評価することはできないため，同様の目標で，本小単元の前の小単元２の第７時に二等辺三角形の場面で，一度次のような授業を行っておく。その上で，小単元３の第７，８時の生徒の活動を評価する。

第3編
事例3

＜小単元２の７時間目の展開＞

指導と学習活動	評価と配慮事項
１．前時の問題１を振り返る。	・前時までに問題１を証明しておく。

問題１
　左図のように AB＝AC の二等辺三角形 ABC の辺 AB，辺 AC 上に AD＝AE となる点 D，点 E をそれぞれとります。このとき，BE＝CD となることを証明しなさい。

２．問題１の条件を変える。 ◇「右の図のように辺 AB，辺 AC を延長した直線上に AD＝AE となる点 D，点 E をとったとき，BE ＝CD となるだろうか。」（問題２）	・各自で動的作図ツールを使って図をかき，点 D と E を AD＝AE のまま辺 AB，辺 AC 上を動かしたり，二等辺三角形 ABC の形を変えたりしても，同じ証明で BE＝CD が成り立っていることを確認する。
◇「問題２では，辺 AB，辺 AC を B と C の方向に延長させたが，問題３のように頂点 A の方向に延長させた場合，BE＝CD となるでしょうか。」（問題３）	・問題１と問題２の証明を読んで，同じになることを確認する。 ・着目する三角形が同じか等，証明の方針を見直す必要があるか問いかける。

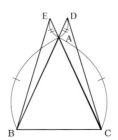

3．問題3を証明する。	
・各自で考え，全体で確認する。	
4．証明を振り返る。	・問題1と問題3の証明を読み比べられ
◇「問題3の証明と問題1の証明と読み比べて，共通点や相違点を話し合いましょう。」	るようにする。共通点，相違点にはマーカーを引いたり，メモを取ったりできるようにする。

<予想される生徒の反応>
・「△ABC が二等辺三角形である」という仮定が同じ。「AD＝AE」も同じ。
・合同を示す三角形は同じ。結論「BE＝CD」も同じ。
・使う三角形の合同条件が同じ。合同を示すときに使う等しい辺や角が同じ。
・証明の中では，「共通な角だから」と「対頂角が等しい」という根拠が違うだけ。

5．問題づくりの方針を知る。	・証明に基づいて，その証明に書かれて
◇「他にも問題をつくれないだろうか。」	いることを変えたり，変えなかったり
・証明で変えない事柄と変えてよい事柄を確認する。	してつくることを助言する。（例えば，
・「△ABC が二等辺三角形である」という仮定と，「BE＝CD」の結論は変えないことにする。	合同条件である「2組の辺とその間の角がそれぞれ等しい」を変えないで証明できる問題はつくれるかなど。）
・「AD＝AE」の仮定は変えてよいこととする。	
◇「この条件で問題をつくってみよう。」	
・一例を示す。	思②：行動観察

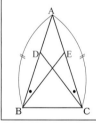

問題例
　左図のように AB＝AC の二等辺三角形 ABC の辺 AB，辺 AC 上に∠ABE＝∠ACD となる点 D，点 E をそれぞれとります。このとき，BE＝CD となることを証明しなさい。

・仮定「AD＝AE」を「∠ABE＝∠ACD」と変える。（証明で使う合同条件は，「1組の辺とその両端の角がそれぞれ等しい」に変わる。）

6．例を基にして問題づくりをすることをレポート課題とし，本時の学習感想を書く。	・本時のまとめをする。
	思②：ノート，レポート

※この活動を基に，平行四辺形の場面でも同様の活動を展開する。

<本時：小単元3第8時の展開>

指導と学習活動	評価と配慮事項
1．前時(小単元3第7時)の問題1を振り返る。	・前時までに問題1を解決しておく。前
問題1　□ABCD の1組の対辺 AD，BC の中点をそれぞれ M，N とすれば，四角形 MBND は平行四辺形になることを証明しなさい。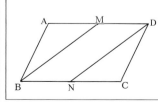	時の導入では，仮定の条件だけを示し，各自で□ABCD を作図し，四角形 MBND はどのような四角形になるかを調べ，結論を見いだすことを促す。

2．問題1の条件を変える。

◇辺 AD，BC 上に AM＝CN となる点 M，N をとるとき，四角形 MBND は平行四辺形となるだろうか。

> 問題2　▱ABCD の1組の対辺 AD，BC 上に AM＝CN となる点 M，N とすれば，四角形 MBND は平行四辺形になることを証明しなさい。
>
>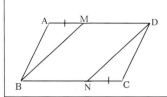

3．問題2を証明する。

・各自で考え，全体で確認する。

＜証明1＞	＜証明2＞
四角形 MBND において 　MD//BN（四角形 ABCD は平行四辺形であるので） 　MD＝BN（仮定より AD＝BC，AM＝CN なので AD－AM＝BC－CN）・・・(a) 　よって，1組の向かい合った辺が平行で，その長さが等しいので，四角形 MBND は，平行四辺形である。	MD＝BN（仮定より AD＝BC で，AM＝CN なので AD－AM＝BC－CN）・・・① 　△ABM と△CDN において 　AM＝CN（仮定）　　　　　・・・(b) 　∠A＝∠C（平行四辺形の性質）・・・(c) 　AB＝CD（平行四辺形の性質）・・・(d) 　よって，2組の辺とその間の角がそれぞれ等しいので，△ABM≡△CDN・・・(e) 　ゆえに，BM＝DN・・・②（合同な図形の対応する辺）
※＜証明3＞ 　二つの対角線がそれぞれの中点で交わることを用いた証明も紹介する。	よって，①，②より，2組の向かい合った辺がそれぞれ等しいので，四角形 MBND は平行四辺形である。

4．証明を読んで問題づくりの見通しを立てる。

◇他にも問題をつくれないだろうか。

・ルールに基づいて問題をつくる。

> ⓐ MD//BN を用いているが，これは四角形 ABCD が平行四辺形であるという仮定からなので，これを用いることは変わっていない。(a)が変わっている。(a)は，AD＝BC で，AM＝CN であることから導かれている。中点でなくてもよい。この条件を他に変えられないか。
>
> ⓑ 証明2の中で，△ABM≡△CDN を示しているが，そのときに用いている合同条件は「2組の辺とその間の角がそれぞれ等しい」である。この合同条件を「1組の辺とその両端の角がそれぞれ等しい」に

・動的作図ツールを使って図を提示し，点 M と N を AM＝CN のまま辺 AD，BC 上を動かす。その際,四角形 MBND はどのような四角形になるかを調べ，結論を見いだすことを促す。

・問題2の図を次のような図と見比べる。

・証明の中で変えない事柄と変えてよい事柄を確認し，「▱ABCD」という仮定を変えず，結論を「平行四辺形になる」とすることをルールとする。

思②：行動観察

・どのような観点で問題をつくり変えることができるかについて証明した事柄を基に明確にする。

・仮定として使われている事柄，証明に用いている合同条件等を証明から読み取ることができるようにする。

・二等辺三角形のときにどのように証明に使われていることを変更したのか想

変えるとすると，仮定をどのように変えればよいか。

ⓒ 対角線に着目して仮定を変えられないか。

5．本時のまとめをする。

・これらの観点から，今，証明した問題の問題文や証明を基にして，新たな問題づくりのレポートを作成する。

＜レポートの内容＞
（1）つくった問題
（2）その問題の証明
（3）問題1の問題や証明と関連させて，どのような考えで問題をつくったか
（4）問題をつくってみての感想

起できるようにする。

・まったく新しい問題が思い浮かばない生徒には，ⓐⓑⓒの例にそって少しでも問題を変えられるように助言する。

・複数つくってよいことを伝える。

・つくった問題とともに，どのように問題を変えたのか，問題1とどのように関連付けて証明を変えたのかの説明を加えて，レポートにまとめるように指示する。

思②：レポート

（2）小単元3第8時における「思考・判断・表現」の評価方法

本時の評価規準は，「証明を読んで新たな性質を見いだし表現することができる。」であり，証明を基にした問題づくりを通して，統合的・発展的に考察し表現することができるようにすることが大切である。証明を読んで新たな性質を見いだし表現すること，すなわち，統合的・発展的に考察し表現することについては，問題1の証明に基づいた問題づくりをレポートにまとめる場面を設定して評価し，総括するための資料とする。

① 評価規準

生徒が，仮定や結論を変更することによって，問題をつくることができているか，その際どのような統合的・発展的な考察を行っているかを評価する。＜レポートの内容＞の特に(1)と(3)の記述に注目して評価する。評価の仕方については，例えば，「問題を一つでもつくっている」「どうしてその問題をつくったか説明している」「つくった問題を問題1と関連付けている」かどうかを視点として，次のように評価する。

評価	評価の視点
「おおむね満足できる」状況（B）	・問題をつくった上で，どのようにしてその問題をつくったかを説明できる。
「十分満足できる」状況（A）	・問題をつくった上で，どのようにしてその問題をつくったかを問題1と関連付けて説明できる。

② 評価規準を判断するための生徒の記述の類型（参考例）

生徒のつくる問題は多岐にわたることが想定される。以下に示すのは，この問題づくりのレポートに対する生徒の記述の類型である。このように生徒の記述に対してあらかじめ類型を大まかに設定し，それらを類型化して評価に役立てることが考えられる。

○「おおむね満足できる」状況（B）の類型

(3)の記述の類型	(1)つくった問題と(3)の記述例
・問題1との違いを具体的に述べず，違っていることだけを記述	（1）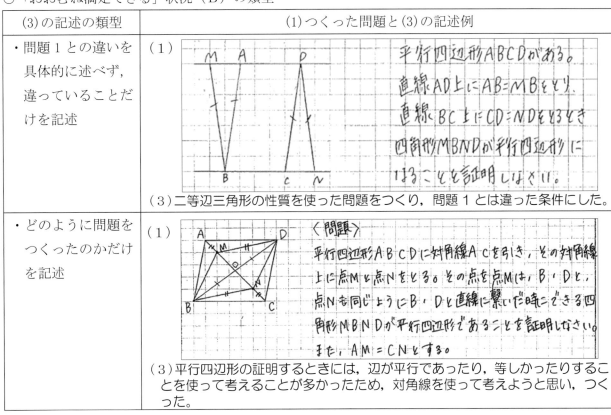 （3）二等辺三角形の性質を使った問題をつくり，問題1とは違った条件にした。
・どのように問題をつくったのかだけを記述	（1）〈問題〉平行四辺形ABCDに対角線ACをひき，その対角線上に点Mと点Nをとる。その点を点Mは，B・Dと，点Nも同じようにB・Dと直線に繋いだ時にできる四角形MBNDが平行四辺形であることを証明しなさい。また，AM＝CNとする。 （3）平行四辺形の証明するときには，辺が平行であったり，等しかったりすることを使って考えることが多かったため，対角線を使って考えようと思い，つくった。

第3編
事例3

○「十分満足できる」状況（A）の類型

・問題の仮定と証明の両方に焦点をあてて問題づくりをしている記述	（1）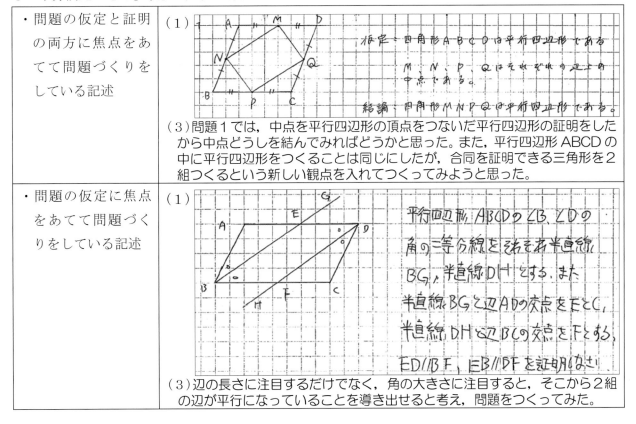仮定：四角形ABCDは平行四辺形である M，N，P，Qはそれぞれの辺上の中点である 結論：四角形MNPQは平行四辺形である。 （3）問題1では，中点を平行四辺形の頂点をつないだ平行四辺形の証明をしたから中点どうしを結んでみればどうかと思った。また，平行四辺形ABCDの中に平行四辺形をつくることは同じにしたが，合同を証明できる三角形を2組つくるという新しい観点を入れてつくってみようと思った。
・問題の仮定に焦点をあてて問題づくりをしている記述	（1）平行四辺形ABCDの∠B，∠Dの角の二等分線を表す半直線BG，半直線DHとする。また半直線BGと辺ADの交点をEとG，半直線DHと辺BCの交点をFとする。ED//BF，EB//DFを証明しなさい （3）辺の長さに注目するだけでなく，角の大きさに注目すると，そこから2組の辺が平行になっていることを導き出せると考え，問題をつくってみた。

・証明に焦点を当てて問題づくりをしている記述	（1）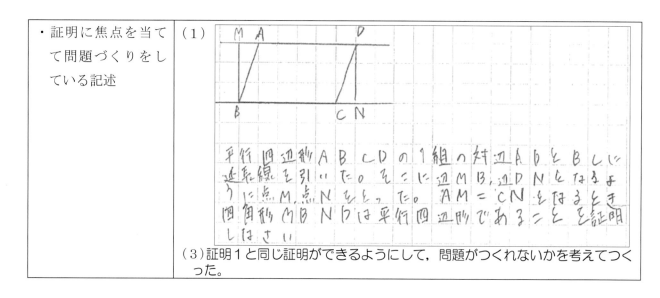 （3）証明1と同じ証明ができるようにして，問題がつくれないかを考えてつくった。

　問題づくりをすることについては，本授業の前の小単元2の第7時において二等辺三角形を使って，生徒に一度経験させておく。このときに，「問題文に書かれている仮定に着目してどのように問題を変えればよいか」や，「自分で書いた証明を読んで，その証明に書かれていることに基づいて問題をどう変えればよいか」などについて話し合う場を設定し，つくった問題を共有することが必要となる。統合的・発展的な考察は，統合という観点での発展的な考察と捉えて指導し，この場合の評価では，証明1のどの部分に着目して新たな問題をつくっているか，例えば，証明そのものを変えずに仮定だけを変えたらどのような問題がつくれるかといった問題1との関連の記述(3)から，生徒の思考の様相を読み取れるようにすることが大切である。

③　小単元をまたいだ「思考・判断・表現」の評価

　二等辺三角形と平行四辺形の授業において生徒が取り組んだレポートでつくった問題と問題をつくってみての感想（学習感想）を並べ，以下のように，小単元をまたいで総合的に評価する場面を設定することも考えられる。

　ある一人の生徒は，下のような問題をつくり，それぞれ学習感想を記述している。

＜二等辺三角形の問題づくり＞

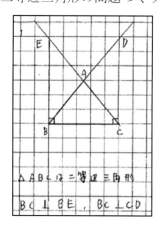

> ＜学習感想＞
> 問題をつくってみて，線が元の図形からとび出すなどしていても，仮定などが変わらなければ，元の図形での証明はあまり変わらないが，使っている角が違ってくると，証明も変わる部分があることがわかった。また，三角形の合同条件がいえるように角や辺を仮定として決めれば，問題をつくることができた。

<平行四辺形の問題づくり>

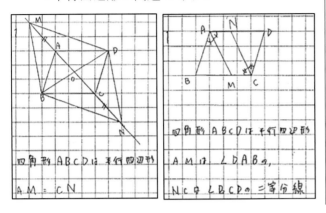

四角形 ABCD は平行四辺形
AM＝CN

四角形 ABCD は平行四辺形
AM は ∠DAB の，
Nｃｐ と ∠BCD の二等分線

この生徒は，平行四辺形での問題づくりで二つの問題をつくり，学習感想では二等辺三角形では線対称な図形であることを利用したのに対し，平行四辺形では点対称な図形であると捉え，それを基にして考えると問題がつくりやすいことに気付いている。そして，仮定の変更や合同条件の導き方について問題をつくるときの考え方として言及する記述をしており，思考の深化が見られる。このような小単元をまたいだ問題づくりや学習感想によって，それぞれの小単元だけでは見取ることができない生徒の成長を評価することができ，統合的・発展的に考える資質・能力を育成することにつながる。

④ 「主体的に学習に取り組む態度」の見取り

レポート提出後，授業の中で生徒のつくった問題をいくつか提示し，それを全体で解き合う場面を設定することが考えられる。このような活動を通して，どのように問題をつくればよいか等の問題のつくり方について理解することのみならず，提案された多くの問題を分類することの必要性，生徒同士で相互評価をすることの楽しさなどを生徒全員で共有することができる。

本事例は，「思考・判断・表現」を評価する方法として取り挙げているが，右の生徒の問題をつくった後の学習感想からは，「今度は結論も自分で一からしてみたいです。」や「他の人がどういう考えをしたのか早く知りたいと思いました。」と主体的に学習に取り組む態度についての記述も表出しており，それらを同時に記録することも考えられる。このように主体的に学習に取り組む態度についても評価できる。

また，統合的・発展的に考察する力を身に付けるためには，問題づくりは重要な活動である。問題づくりは，図形領域のみならず，「数と式」や他の領域においても適切に取り入れていくことが大切である。例えば，「数と式」領域における，数の性質を，文字を用いて説明する際に，「三つの連続する整数の和は，3の倍数である」について説明した後，結論部分である「3の倍数である」を「中央の数の3倍である」に変えても成り立つことを説明することにより新たな性質を発見したり，仮定部分の三つの連続する数を五つ，七つ，…や，四つ，六つ，…に変えたり，連続する整数を二つずつ，三つずつ…増える整数に変えたりして，そのときに成り立つ数の性質を予想して説明するなど，ふだんから問題の条件を変えて新たな問題づくりをするという活動を設定することが大切である。

第3編
事例3

数学科　　事例４

キーワード　「主体的に学習に取り組む態度」の評価

単元名	内容のまとまり
二次方程式	第３学年Ａ(3)「二次方程式」

1　単元の目標

(1) 二次方程式についての基礎的な概念や原理・法則などを理解するとともに，事象を数学化したり，数学的に解釈したり，数学的に表現・処理したりする技能を身に付ける。

(2) 文字を用いて数量の関係や法則などを考察し表現することができる。

(3) 二次方程式について，数学的活動の楽しさや数学のよさを実感して粘り強く考え，数学を生活や学習に生かそうとする態度，問題解決の過程を振り返って評価・改善しようとする態度を身に付ける。

2　単元の評価規準

知識・技能	思考・判断・表現	主体的に学習に取り組む態度
①二次方程式の必要性と意味及びその解の意味を理解している。 ② x の係数が偶数である二次方程式を平方の形に変形して解くことができる。 ③二次方程式を因数分解して解くことができる。 ④解の公式を知り，それを用いて二次方程式を解くことができる。 ⑤事象の中の数量やその関係に着目し，二次方程式をつくることができる。	①因数分解や平方根の考えを基にして，二次方程式を解く方法を考察し表現することができる。 ②二次方程式を具体的な場面で活用することができる。	①二次方程式の必要性と意味を考えようとしている。 ②二次方程式について学んだことを生活や学習に生かそうとしている。 ③二次方程式を活用した問題解決の過程を振り返って評価・改善しようとしている。

3　指導と評価の計画（13時間）

　本単元「二次方程式」を，内容のまとまりである三つの小単元と単元のまとめで構成し，それぞれの授業時間数を次のように定めた。

小単元等	授業時間数	
1．二次方程式とその解	2時間	
2．二次方程式の解き方	7時間	13時間
3．二次方程式の利用	3時間	
単元のまとめ	1時間	

小単元「2．二次方程式の解き方」における各授業時間の指導のねらい，生徒の学習活動及び重点，評価方法等は次の表のとおりである。

小単元2

時間	ねらい・学習活動	重点	記録	備考
3	・平方根の考え方を使って $ax^2+c=0$ の形の二次方程式の解き方を理解するとともに，$ax^2+c=0$ の形の二次方程式を解くことができるようにする。	知		知②：行動観察
4	・平方根の考え方を使って$(x+p)^2=q$ の形の二次方程式を解く方法を理解するとともに，$(x+p)^2=q$ の形の二次方程式を解くことができるようにする。	知		知②：行動観察
5	・前時の学習を基に，二次方程式を解く方法について考察することを通して，二次方程式を，$(x+p)^2=q$ の形に変形して解く方法について考察することができるようにする。	思		思①：行動観察
6	二次方程式の解の公式の導き方を考察することを通して， ・係数が具体的な数である二次方程式を平方の形に変形する過程と比較しながら，二次方程式の解の公式の導き方を考えることができるようにする。 ・解の公式を使って，二次方程式を解くことができるようにする。	知		思①：行動観察 知④：行動観察
7	因数分解による二次方程式の解く方法を考察することを通して， ・「A×B＝0ならばA＝0またはB＝0」であることを基に，因数分解による二次方程式の解き方を考えることができるようにする。 ・因数分解を使って，簡単な二次方程式を解くことができるようにする。	知		思①：行動観察 知③：行動観察
8	・いろいろな二次方程式を解く手順について考察することを通して，より能率のよい解法を考えることができるようにする。 ・小単元2までの学習を振り返って，分かったことや疑問などを記述することを通して，その後の学習を見通すことができるようにする。	思 態	○ ○	思①：ノート（二次方程式の解き方） 態①②：「学びの足跡」シート
9	既習の二次方程式を解き，注意点を整理することを通して， ・いろいろな方法で二次方程式を解くことができるようにする。 ・既習の二次方程式の解き方について振り返り，自分の解き方を改善しようとする態度を養う。	知 態	○ ○	知②～④：行動観察，小テスト 態②：ノート

4　観点別学習状況の評価の進め方
（1）第9時における「主体的に学習に取り組む態度」の指導と評価

本時においては，「知識・技能」「主体的に学習に取り組む態度」について，全員の記録をとる評価を行う。

① 目標
　・既習の二次方程式の解き方を振り返り，自分の解き方を改善しようとする態度を身に付ける。

② 評価規準
　・x の係数が偶数である二次方程式を平方の形に変形して解くことができる。
　・二次方程式を因数分解して解くことができる。
　・解の公式を知り，それを用いて二次方程式を解くことができる。
　・二次方程式について学んだことを学習に生かそうとしている。

③ 第9時の展開

指導と学習活動	評価と配慮事項
1．問題を把握する。 ◇二次方程式を解く際に気を付けるポイントを考えましょう。	・問題とまことさんの答えを順番に提示する。

> 問題　まことさんが次の二次方程式を解きました。
>
> | （1） | （2） | （3） |
> |---|---|---|
> | $4x^2 = 20$
$x^2 = 5$
$x = \sqrt{5}$ | $x^2 + 4x + 3 = 0$
$(x+3)(x+1) = 0$
$x = 3，1$ | $x^2 + 5x = -6$
$x^2 + 5x - 6 = 0$
$(x+6)(x-1) = 0$
$x = -6，1$ |
>
> まことさんが解いた二次方程式の解き方は正しいだろうか。

指導と学習活動	評価と配慮事項
2．問題を解決するための見通しをもつ。 ・解の確かめ方を思い出す。 ・間違っているのであればどこが間違っているか指摘し書き直す。	・どのようにすれば確かめられるかを問う。
3．解き方が正しいかどうか判断する。 ・各自で取り組み，ペアで確認する。 4．考えを共有する。	知②～④：行動観察

> ＜予想される生徒の反応＞
>
> | （1） | （2） | （3） |
> |---|---|---|
> | △　$x = -\sqrt{5}$ も解である。
　$4x^2 = 20$
　$x^2 = 5$
　$x = \pm\sqrt{5}$ | ×　正しい解は，
　$x = -1，-3$
　$x^2 + 4x + 3 = 0$
　$(x+3)(x+1) = 0$
　$x = -1，-3$ | ×　-6 の移項が間違っている。
　$x^2 + 5x = -6$
　$x^2 + 5x + 6 = 0$
　$(x+2)(x+3) = 0$
　$x = -2，-3$ |

5．自分自身にとっての二次方程式を解く際に気を付けるポイントを考える。	知②～④：行動観察 ・気を付けるポイントを書く際に，その具体例を書くように指示する。導入時に取り組んだ問題を例として提示する。

<気を付けるポイントの書き方の例>

☆移項する際，符号に気を付けよう。

例）
$$x^2 + 5x = -6$$

○　$x^2 + 5x + 6 = 0$　　　　×　$x^2 + 5x - 6 = 0$

$(x + 2)(x + 3) = 0$　　　　$(x + 6)(x - 1) = 0$

$x = -2, -3$　　　　　　　$x = -6, 1$

・各自で考え，ポイントを整理する。 ・全体で共有する。 <予想される生徒の反応> ・二次方程式の解の公式の $-b$ への代入の仕方に気を付けよう。 ・解が平方根を持つ場合，根号の中を小さくしよう。 ・文字で置き換えて解いた方が簡単な場合がある。 ・$x^2 = 5x$ のような二次方程式の場合，両辺を x で割らない。	・自分のノートを見て振り返っている生徒の様子を取り上げ，全体に広める。 ・机間指導の最中に，教師からみて，再度振り返っておきたい内容を把握しておく。 ・黒板には，まず正解【○】のみ書き，気を付けるポイントを間違いと一緒に説明するように促す。
6．ポイントを振り返る。 ・板書された意見の中から自分自身にとっての「二次方程式を解く際に気を付けるポイント」を選び，選んだ理由を書く。 ・「二次方程式を解く際に気を付けるポイント」を参考にしながら練習問題に取り組む。	◎他者の考え方に目を向け，自分にとって必要な考え方を取り入れようとしているかどうかを見取る。 ・練習問題プリントを配付し，「気を付けるポイント」を意識しながら，取り組むように促す。
7．ノートを整理し提出する。	態②：ノート

④　第９時における「主体的に学習に取り組む態度」の指導と評価

　本時の評価規準は，「二次方程式について学んだことを学習に生かそうとしている。」であり，本事例においては，このことを評価するために，既習の二次方程式の解き方を振り返り，自分の解き方を改善する場面を設定した。

第3編
事例4

第8時までに，いろいろな二次方程式の解き方について学習しており，生徒たちは既習内容を振り返って，二次方程式を解く方法について分かったことや疑問などを「学びの足跡」シートにまとめている。この学びを踏まえ，第9時では，ある生徒が解いた二次方程式の正誤について検討する。このことをきっかけにして，自分が十分に習得できていない内容や方法を自覚し，自らの学習を調整しながらより確かな知識及び技能となるように改善していく活動を行う。

まず，本時までに学んだ二次方程式の解き方について振り返り，誤りを指摘し，それを改善する活動を通して，二次方程式を解く際の注意点を整理する。次に，全体で注意点を共有し，共有した注意点のうち「自分自身にとって一番気を付けておきたいもの」を選ぶ場面を設定する。ここでは，他者の考え方によさを見いだし自分に取り入れようとするかどうかを評価して記録に残し，総括するための資料とする。「自分自身にとっての『二次方程式を解く際に気を付けるポイント』を選び，選んだ理由を書きましょう」のように問いかけ，これまでの解き方を振り返り，今後の改善につなげる。また，「努力を要する」状況（C）になりそうな生徒に対して適切な指導を行う。例えば，ノートやワークシートに何も書けないような状況がある場合には，机間指導の際に，黒板やノートを見ながら「どれが自分にとって必要なポイントだと思いましたか」等と問いかけ，振り返るよう促すことが考えられる。

また，授業では終盤に練習問題を解き，上記の活動を生かす場面を設定することが考えられる。自分の気を付けるポイントに該当する問題を意識し二次方程式を解決しようとする姿を積極的に評価したい。

以下に示すのは，生徒のノートの記述例に対する評価と評価の視点の例である。

第3編
事例4

評価	評価の視点	生徒の記述例
「おおむね満足できる」状況（B）	・気を付けるポイントが書かれているかどうかを見取る。	・別の文字に置き換えて解く方法を使えるようにする。
「十分満足できる」状況（A）	・気を付けるポイントとその理由が書かれているかどうかを見取る。	・式の形を見ずに，すぐに式を展開して解いていたけれど，時間もかかるし，間違える可能性があるので，別の文字に置き換えて解く方法を使えるようにする。

ここでは，「主体的に学習に取り組む態度」の記述による評価を例示した。しかしながら，考えをノートに記述することが困難であるなど，配慮が必要な生徒がいる場合には，記述による評価を口頭による評価で代替することも考えられる。例えば，授業後に該当生徒に対して，板書の写真やノートの記録を見せながら気を付けるポイントについて生徒の考えを聞くなど，振り返る場面を設定することが考えられる。

（2）小単元2における「主体的に学習に取り組む態度」の多様な評価の方法

「主体的に学習に取り組む態度」の評価においては，多様な評価の方法を取り入れることが大切である。例えば，机間指導等を通じて捉えた生徒の学習への取組の様子，発言やつぶやきの内容，ノートの記述内容などに基づいて評価する行動観察や，生徒による自己評価や相互評価，個別の面談の内容等を，教師が評価を行う際に考慮する材料の一つとして用いることなどが考えられる。本事例では，五つの評価の方法を例示しているが，生徒の実態等に応じて適切な評価方法を選択することが考えられる。

① 一つの問題に対するいくつかの解き方を比較し，自分なりの考察を加えて残した記述を基に評価する例

　いくつかの解き方について，比較したり，自分なりの考察を加えたりする場面を設定し，「主体的に学習に取り組む態度」の評価に取り入れることが考えられる。

　例えば，知識及び技能の習得のための演習を行う場面で，$x^2 + 6x + 4 = 0$ であれば簡単には因数分解できないことを確認した上でどのようにして解決したかを紹介しあう。いくつかの解き方について，自分が考えたことだけでなく，他の人が考えたことをノートに記録し，自分の考えとの共通点や相違点だ

解き方
$x^2 + 6x + 4 = 0$
$x^2 + 6x + 3^2 = 3^2 - 4$
$(x + 3)^2 = 5$
$x + 3 = \pm\sqrt{5}$
$x = -3 \pm\sqrt{5}$

解の公式を使っても解けるけど，式が複雑なので，平方完成して解く方法を覚えておく。

けでなく，「次に同じ問題がでた場合，どちらの方法で解くか」等についてノートにメモなどを残すよう習慣付けておきたい。本単元だけでなく，他の単元においても複数の解決方法がある場面では，共通点や相違点に着目させた後，自分なりに考察する場面を設定し評価につなげる。このような，他者の考えに触れることによって，理解が深まったり，自分に取り入れたい考えに出会ったりする等の自己の変容を自覚しやすくなる学習場面を大切にしたい。

② 小単元の取組を振り返り，「わかったこと・大切な考え方」や「よくわからないこと・もっと知りたいこと」などについての記述を基に評価する例

　小単元ごとで，「学びの足跡」シートに「わかったこと・大切な考え方」，「よくわからないこと・もっと知りたいこと」について振り返って書く場面を設定する。例えば，小単元「1. 二次方程式とその解」の後には，一次方程式や連立方程式と，二次方程式の違いについて考える場面を設定することで，「解の個数」や「式の形」に着目した記述をまとめ，「よくわからないこと」では，

単元の目標　二次方程式について理解し，問題の解決に使いこなせるようになろう！	
単元の問い　求めたい数量について，相等関係に着目し，求めることはできるだろうか？	
わかったこと・大切な考え方など	もっと知りたいこと・よくわからないこと
小単元1　二次方程式や連立方程式と二次方程式にはどのような違いがあるだろう。	
二次方程式を成り立たせるxの値が分数の場合でも，おちついて丁寧に代入して最後まで答えを出すことが大切だと思った。	なぜ両辺をxでわってはいけないのか。　例 $x^2 = 3x \rightarrow x = 3$
小単元2	

解の求め方等の次の学習につながる記述も期待できる。このように，これまでの学習の過程を振り返って，既習の学習内容を関連付けたり，これからの学習を見通したりすることを評価する。

③ 既習の学習内容を基に解の求め方を考察し，整理したノートの記述を基に評価する例

　第3時から第6時は平方根の考え方を使って二次方程式を解く。このような，既習の考え方を基にして解き方が発展していく内容については，積極的に振り返る場面を設定し，生徒の振り返りの内容や学習感想等から評価することが考えられる。

第3時	・平方根の考え方を使って $ax^2 + c = 0$ の形の二次方程式を解く。
第4時	・平方根の考え方を使って $(x + p)^2 = q$ の形の二次方程式を解く。
第5時	・二次方程式を，$(x + p)^2 = q$ の形に変形して解く。
第6時	・係数が具体的な数である二次方程式を平方の形に変形する過程と比較しながら，二次方程式の解の公式を導く。

右は，第5時の学習におけるある生徒のノートである。第3〜5時を振り返る場面を設定した。「これめっちゃ大事」とあることから，その後の計算に向けて間違えないようにしようという意思が読み取れる。第3時の「平方根の考え方を使って $ax^2+c=0$ の形の二次方程式を解く」の段階では，平方根の考え方がそれ程有

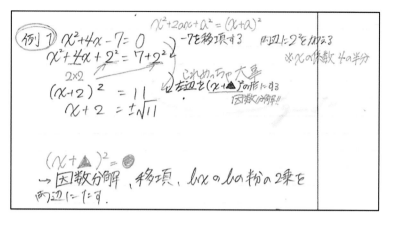

効な解き方であるとは考えにくいかもしれない。そこで，第3時からの学習のまとまりの中で大切な考え方を指導し，この生徒のようにこれまでの学習と関連付けてポイントを整理できるようにし，その様子を積極的に評価したい。

また，ノートに記録したり，自分で整理したりすることを苦手とする生徒もいることから，よく書けている生徒のノートを紹介し，「なぜこのノートがよいか」を説明しながら，自身のノートづくり等を振り返らせる等，学習方法の改善を促すことも大切である。

④　問題を解決するための構想を立てる場面や振り返りの場面での取組の様子を観察し，評価する例

問題を解決する過程では，スムーズに解決できないことも多い。特に，解決するための構想を立てる場面では，解決のきっかけがつかめないこともある。このような場面で，適切に構想が立てられなくても，既習の内容が使えるのではないかと考え，ノート等を見直し，解決のきっかけを見いだそうとする様子を観察し，評価することが考えられる。また，問題を解決した後，解決した内容や方法を振り返る場面で，ノート等を使ってこれまでの学習の内容と関連付けようとする姿を評価することも考えられる。このような自主的に既習の内容をノートで振り返る生徒の様子を全体に紹介し，学習方法の改善につなげ，自らの学習の調整を促すようにすることが大切である。

また，ノートの記録には，解決の着想を得るためのメモ等が残されていることがある。たとえ解決までたどり着かないものであっても，これまでの学習を生かそうとする様子が読み取れる場合には，ノートの記述内容を基に評価することも考えられる。そのためにも，ノートの使い方や役割についての指導を大切にする必要がある。

⑤　学習の内容や方法について個別に面談を行い，面談の内容を評価に生かす例

生徒の中には，「授業中に発言ができない」「自分の考えを記述できない」等，学習状況が見取りにくい生徒や学習の調整のきっかけがつかめずにいる生徒もいる。そのような生徒に対して，自らの学習の調整を促すために学習の内容や方法について個別に面談することが考えられる。例えば，この単元でよく分かったところ（分からなかったところ）や解決に有効だった方法等の学習の内容に関する質問をしたり，問題の解決に行き詰まったときの改善策等の学習の方法や進め方に関する面談をしたりする。このように，一人一人の特性に応じて，個別の面談で自己を振り返る場面を設定し，評価に生かすようにする。また，聞き取った内容を基に授業改善につなげるようにすることも大切である。

巻末資料

中学校数学科における「内容のまとまりごとの評価規準（例）」

I　第1学年
1　第1学年の目標と評価の観点及びその趣旨

	（1）	（2）	（3）
目標	正の数と負の数，文字を用いた式と一元一次方程式，平面図形と空間図形，比例と反比例，データの分布と確率などについての基礎的な概念や原理・法則などを理解するとともに，事象を数理的に捉えたり，数学的に解釈したり，数学的に表現・処理したりする技能を身に付けるようにする。	数の範囲を拡張し，数の性質や計算について考察したり，文字を用いて数量の関係や法則などを考察したりする力，図形の構成要素や構成の仕方に着目し，図形の性質や関係を直観的に捉え論理的に考察する力，数量の変化や対応に着目して関数関係を見いだし，その特徴を表，式，グラフなどで考察する力，データの分布に着目し，その傾向を読み取り批判的に考察して判断したり，不確定な事象の起こりやすさについて考察したりする力を養う。	数学的活動の楽しさや数学のよさに気付いて粘り強く考え，数学を生活や学習に生かそうとする態度，問題解決の過程を振り返って検討しようとする態度，多面的に捉え考えようとする態度を養う。

（中学校学習指導要領 P.65）

観点	知識・技能	思考・判断・表現	主体的に学習に取り組む態度
趣旨	・正の数と負の数，文字を用いた式と一元一次方程式，平面図形と空間図形，比例と反比例，データの分布と確率などについての基礎的な概念や原理・法則などを理解している。 ・事象を数理的に捉えたり，数学的に解釈したり，数学的に表現・処理したりする技能を身に付けている。	数の範囲を拡張し，数の性質や計算について考察したり，文字を用いて数量の関係や法則などを考察したりする力，図形の構成要素や構成の仕方に着目し，図形の性質や関係を直観的に捉え論理的に考察する力，数量の変化や対応に着目して関数関係を見いだし，その特徴を表，式，グラフなどで考察する力，データの分布に着目し，その傾向を読み取り批判的に考察して判断したり，不確定な事象の起こりやすさについて考察したりする力を身に付けている。	数学的活動の楽しさや数学のよさに気付いて粘り強く考え，数学を生活や学習に生かそうとしたり，問題解決の過程を振り返って検討しようとしたり，多面的に捉え考えようとしたりしている。

（改善等通知　別紙4　P.9）

巻末資料

2 内容のまとまりごとの評価規準（例）

1 A (1) 「 正の数と負の数」

知識・技能	思考・判断・表現	主体的に学習に取り組む態度
・正の数と負の数の必要性と意味を理解している。 ・正の数と負の数の四則計算をすることができる。 ・具体的な場面で正の数と負の数を用いて表したり処理したりすることができる。	・算数で学習した数の四則計算と関連付けて，正の数と負の数の四則計算の方法を考察し表現することができる。 ・正の数と負の数を具体的な場面で活用することができる。	・正の数と負の数のよさに気付いて粘り強く考え，正の数と負の数について学んだことを生活や学習に生かそうとしたり，正の数と負の数を活用した問題解決の過程を振り返って検討しようとしたりしている。

1 A (2) 「文字を用いた式」

知識・技能	思考・判断・表現	主体的に学習に取り組む態度
・文字を用いることの必要性と意味を理解している。 ・文字を用いた式における乗法と除法の表し方を知っている。 ・簡単な一次式の加法と減法の計算をすることができる。 ・数量の関係や法則などを文字を用いた式に表すことができることを理解している。 ・数量の関係や法則などを式を用いて表したり読み取ったりすることができる。	・具体的な場面と関連付けて，一次式の加法と減法の計算の方法を考察し表現することができる。	・文字を用いることのよさに気付いて粘り強く考え，文字を用いた式について学んだことを生活や学習に生かそうとしたり，文字を用いた式を活用した問題解決の過程を振り返って検討しようとしたりしている。

1 A (3) 「一元一次方程式」

知識・技能	思考・判断・表現	主体的に学習に取り組む態度
・方程式の必要性と意味及び方程式の中の文字や解の意味を理解している。 ・簡単な一元一次方程式を解くことができる。	・等式の性質を基にして，一元一次方程式を解く方法を考察し表現することができる。 ・一元一次方程式を具体的な場面で活用することができる。	・一元一次方程式のよさに気付いて粘り強く考え，一元一次方程式について学んだことを生活や学習に生かそうとしたり，一元一次方程式を活用した問題解決の過程を振り返って検討しようとしたりしている。

巻末資料

1 B（1）「平面図形」

知識・技能	思考・判断・表現	主体的に学習に取り組む態度
・角の二等分線，線分の垂直二等分線，垂線などの基本的な作図の方法を理解している。 ・平行移動，対称移動及び回転移動について理解している。	・図形の性質に着目し，基本的な作図の方法を考察し表現することができる。 ・図形の移動に着目し，二つの図形の関係について考察し表現することができる。 ・基本的な作図や図形の移動を具体的な場面で活用することができる。	・平面図形の性質や関係を捉えることのよさに気付いて粘り強く考え，平面図形について学んだことを生活や学習に生かそうとしたり，作図や図形の移動を活用した問題解決の過程を振り返って検討しようとしたりしている。

1 B（2）「空間図形」

知識・技能	思考・判断・表現	主体的に学習に取り組む態度
・空間における直線や平面の位置関係を知っている。 ・扇形の弧の長さと面積，基本的な柱体や錐体，球の表面積と体積を求めることができる。	・空間図形を直線や平面図形の運動によって構成されるものと捉えたり，空間図形を平面上に表現して平面上の表現から空間図形の性質を見いだしたりすることができる。 ・立体図形の表面積や体積の求め方を考察し表現することができる。	・空間図形の性質や関係を捉えることのよさに気付いて粘り強く考え，空間図形について学んだことを生活や学習に生かそうとしたり，空間図形の性質や関係を活用した問題解決の過程を振り返って検討しようとしたりしている。

1 C（1）「比例，反比例」

知識・技能	思考・判断・表現	主体的に学習に取り組む態度
・関数関係の意味を理解している。 ・比例，反比例について理解している。 ・座標の意味を理解している。 ・比例，反比例を表，式，グラフなどに表すことができる。	・比例，反比例として捉えられる二つの数量について，表，式，グラフなどを用いて調べ，それらの変化や対応の特徴を見いだすことができる。 ・比例，反比例を用いて具体的な事象を捉え考察し表現することができる。	・比例，反比例のよさに気付いて粘り強く考え，比例，反比例について学んだことを生活や学習に生かそうとしたり，比例，反比例を活用した問題解決の過程を振り返って検討しようとしたりしている。

1 D (1) 「データの分布」

知識・技能	思考・判断・表現	主体的に学習に取り組む態度
・ヒストグラムや相対度数などの必要性と意味を理解している。 ・コンピュータなどの情報手段を用いるなどしてデータを表やグラフに整理することができる。	・目的に応じてデータを収集して分析し，そのデータの分布の傾向を読み取り，批判的に考察し判断することができる。	・ヒストグラムや相対度数などのよさに気付いて粘り強く考え，データの分布について学んだことを生活や学習に生かそうとしたり，ヒストグラムや相対度数などを活用した問題解決の過程を振り返って検討しようとしたり，多面的に捉え考えようとしたりしている。

1 D (2) 「不確定な事象の起こりやすさ」

知識・技能	思考・判断・表現	主体的に学習に取り組む態度
・多数の観察や多数回の試行によって得られる確率の必要性と意味を理解している。	・多数の観察や多数回の試行の結果を基にして，不確定な事象の起こりやすさの傾向を読み取り表現することができる。	・多数の観察や多数回の試行によって得られる確率のよさに気付いて粘り強く考え，不確定な事象の起こりやすさについて学んだことを生活や学習に生かそうとしたり，多数の観察や多数回の試行によって得られる確率を活用した問題解決の過程を振り返って検討しようとしたりしている。

Ⅱ　第２学年

1　第２学年の目標と評価の観点及びその趣旨

	（1）	（2）	（3）
目標	文字を用いた式と連立二元一次方程式，平面図形と数学的な推論，一次関数，データの分布と確率などについての基礎的な概念や原理・法則などを理解するとともに，事象を数学化したり，数学的に解釈したり，数学的に表現・処理したりする技能を身に付けるようにする。	文字を用いて数量の関係や法則などを考察する力，数学的な推論の過程に着目し，図形の性質や関係を論理的に考察し表現する力，関数関係に着目し，その特徴を表，式，グラフを相互に関連付けて考察する力，複数の集団のデータの分布に着目し，その傾向を比較して読み取り批判的に考察して判断したり，不確定な事象の起こりやすさについて考察したりする力を養う。	数学的活動の楽しさや数学のよさを実感して粘り強く考え，数学を生活や学習に生かそうとする態度，問題解決の過程を振り返って評価・改善しようとする態度，多様な考えを認め，よりよく問題解決しようとする態度を養う。

（中学校学習指導要領 P.69）

観点	知識・技能	思考・判断・表現	主体的に学習に取り組む態度
趣旨	・文字を用いた式と連立二元一次方程式，平面図形と数学的な推論，一次関数，データの分布と確率などについての基礎的な概念や原理・法則などを理解している。 ・事象を数学化したり，数学的に解釈したり，数学的に表現・処理したりする技能を身に付けている。	文字を用いて数量の関係や法則などを考察する力，数学的な推論の過程に着目し，図形の性質や関係を論理的に考察し表現する力，関数関係に着目し，その特徴を表，式，グラフを相互に関連付けて考察する力，複数の集団のデータの分布に着目し，その傾向を比較して読み取り批判的に考察して判断したり，不確定な事象の起こりやすさについて考察したりする力を身に付けている。	数学的活動の楽しさや数学のよさを実感して粘り強く考え，数学を生活や学習に生かそうとしたり，問題解決の過程を振り返って評価・改善しようとしたり，多様な考えを認め，よりよく問題解決しようとしたりしている。

（改善等通知　別紙4　P.10）

2　内容のまとまりごとの評価規準（例）

2 A (1)「文字を用いた式」

知識・技能	思考・判断・表現	主体的に学習に取り組む態度
・簡単な整式の加法と減法及び単項式の乗法と除法の計算をすることができる。 ・具体的な事象の中の数量の関係を文字を用いた式で表したり，式の意味を読み取ったりすることができる。 ・文字を用いた式で数量及び数量の関係を捉え説明できることを理解している。 ・目的に応じて，簡単な式を変形することができる。	・具体的な数の計算や既に学習した計算の方法と関連付けて，整式の加法と減法及び単項式の乗法と除法の計算の方法を考察し表現することができる。 ・文字を用いた式を具体的な場面で活用することができる。	・文字を用いた式のよさを実感して粘り強く考え，文字を用いた式について学んだことを生活や学習に生かそうとしたり，文字を用いた式を活用した問題解決の過程を振り返って評価・改善しようとしたりしている。

2 A (2)「連立二元一次方程式」

知識・技能	思考・判断・表現	主体的に学習に取り組む態度
・二元一次方程式とその解の意味を理解している。 ・連立二元一次方程式の必要性と意味及びその解の意味を理解している。 ・簡単な連立二元一次方程式を解くことができる。	・一元一次方程式と関連付けて，連立二元一次方程式を解く方法を考察し表現することができる。 ・連立二元一次方程式を具体的な場面で活用することができる。	・連立二元一次方程式のよさを実感して粘り強く考え，連立二元一次方程式について学んだことを生活や学習に生かそうとしたり，連立二元一次方程式を活用した問題解決の過程を振り返って評価・改善しようとしたりしている。

2 B (1)「基本的な平面図形の性質」

知識・技能	思考・判断・表現	主体的に学習に取り組む態度
・平行線や角の性質を理解している。 ・多角形の角についての性質が見いだせることを知っている。	・基本的な平面図形の性質を見いだし，平行線や角の性質を基にしてそれらを確かめ説明することができる。	・平面図形の性質のよさを実感して粘り強く考え，平面図形の性質について学んだことを生活や学習に生かそうとしたり，平面図形の性質を活用した問題解決の過程を振り返って評価・改善しようとしたりしている。

2 B (2) 「図形の合同」

知識・技能	思考・判断・表現	主体的に学習に取り組む態度
・平面図形の合同の意味及び三角形の合同条件について理解している。 ・証明の必要性と意味及びその方法について理解している。	・三角形の合同条件などを基にして三角形や平行四辺形の基本的な性質を論理的に確かめたり、証明を読んで新たな性質を見いだしたりすることができる。 ・三角形や平行四辺形の基本的な性質などを具体的な場面で活用することができる。	・証明のよさを実感して粘り強く考え、図形の合同について学んだことを生活や学習に生かそうとしたり、平面図形の性質を活用した問題解決の過程を振り返って評価・改善しようとしたりしている。

2 C (1) 「一次関数」

知識・技能	思考・判断・表現	主体的に学習に取り組む態度
・一次関数について理解している。 ・事象の中には一次関数として捉えられるものがあることを知っている。 ・二元一次方程式を関数を表す式とみることができる。	・一次関数として捉えられる二つの数量について、変化や対応の特徴を見いだし、表、式、グラフを相互に関連付けて考察し表現することができる。 ・一次関数を用いて具体的な事象を捉え考察し表現することができる。	・一次関数のよさを実感して粘り強く考え、一次関数について学んだことを生活や学習に生かそうとしたり、一次関数を活用した問題解決の過程を振り返って評価・改善しようとしたりしている。

2 D (1) 「データの分布」

知識・技能	思考・判断・表現	主体的に学習に取り組む態度
・四分位範囲や箱ひげ図の必要性と意味を理解している。 ・コンピュータなどの情報手段を用いるなどしてデータを整理し箱ひげ図で表すことができる。	・四分位範囲や箱ひげ図を用いてデータの分布の傾向を比較して読み取り、批判的に考察し判断することができる。	・四分位範囲や箱ひげ図のよさを実感して粘り強く考え、データの分布について学んだことを生活や学習に生かそうとたり、四分位範囲や箱ひげ図を活用した問題解決の過程を振り返って評価・改善しようとしたり、多様な考えを認め、よりよく問題解決しようとしたりしている。

２D (2) 「不確定な事象の起こりやすさ」

知識・技能	思考・判断・表現	主体的に学習に取り組む態度
・多数回の試行によって得られる確率と関連付けて，場合の数を基にして得られる確率の必要性と意味を理解している。 ・簡単な場合について確率を求めることができる。	・同様に確からしいことに着目し，場合の数を基にして得られる確率の求め方を考察し表現することができる。 ・確率を用いて不確定な事象を捉え考察し表現することができる。	・場合の数を基にして得られる確率のよさを実感して粘り強く考え，不確定な事象の起こりやすさについて学んだことを生活や学習に生かそうとしたり，確率を活用した問題解決の過程を振り返って評価・改善しようとしたりしている。

Ⅲ　第3学年

1　第3学年の目標と評価の観点及びその趣旨

	（1）	（2）	（3）
目標	数の平方根，多項式と二次方程式，図形の相似，円周角と中心角の関係，三平方の定理，関数 $y＝ax^2$，標本調査などについての基礎的な概念や原理・法則などを理解するとともに，事象を数学化したり，数学的に解釈したり，数学的に表現・処理したりする技能を身に付けるようにする。	数の範囲に着目し，数の性質や計算について考察したり，文字を用いて数量の関係や法則などを考察したりする力，図形の構成要素の関係に着目し，図形の性質や計量について論理的に考察し表現する力，関数関係に着目し，その特徴を表，式，グラフを相互に関連付けて考察する力，標本と母集団の関係に着目し，母集団の傾向を推定し判断したり，調査の方法や結果を批判的に考察したりする力を養う。	数学的活動の楽しさや数学のよさを実感して粘り強く考え，数学を生活や学習に生かそうとする態度，問題解決の過程を振り返って評価・改善しようとする態度，多様な考えを認め，よりよく問題解決しようとする態度を養う。

（中学校学習指導要領 P.72）

観点	知識・技能	思考・判断・表現	主体的に学習に取り組む態度
趣旨	・数の平方根，多項式と二次方程式，図形の相似，円周角と中心角の関係，三平方の定理，関数 $y＝ax^2$，標本調査などについての基礎的な概念や原理・法則などを理解している。 ・事象を数学化したり，数学的に解釈したり，数学的に表現・処理したりする技能を身に付けている。	数の範囲に着目し，数の性質や計算について考察したり，文字を用いて数量の関係や法則などを考察したりする力，図形の構成要素の関係に着目し，図形の性質や計量について論理的に考察し表現する力，関数関係に着目し，その特徴を表，式，グラフを相互に関連付けて考察する力，標本と母集団の関係に着目し，母集団の傾向を推定し判断したり，調査の方法や結果を批判的に考察したりする力を身に付けている。	数学的活動の楽しさや数学のよさを実感して粘り強く考え，数学を生活や学習に生かそうとしたり，問題解決の過程を振り返って評価・改善しようとしたり，多様な考えを認め，よりよく問題解決しようとしたりしている。

（改善等通知　別紙4　P.10）

巻末
資料

2 内容のまとまりごとの評価規準（例）

3A（1）「正の数の平方根」

知識・技能	思考・判断・表現	主体的に学習に取り組む態度
・数の平方根の必要性と意味を理解している。 ・数の平方根を含む簡単な式の計算をすることができる。 ・具体的な場面で数の平方根を用いて表したり処理したりすることができる。	・既に学習した計算の方法と関連付けて，数の平方根を含む式の計算の方法を考察し表現することができる。 ・数の平方根を具体的な場面で活用することできる。	・数の平方根のよさを実感して粘り強く考え，数の平方根について学んだことを生活や学習に生かそうとしたり，数の平方根を活用した問題解決の過程を振り返って評価・改善しようとしたりしている。

3A（2）「簡単な多項式」

知識・技能	思考・判断・表現	主体的に学習に取り組む態度
・単項式と多項式の乗法及び多項式を単項式で割る除法の計算をすることができる。 ・簡単な一次式の乗法の計算及び次の公式を用いる簡単な式の展開や因数分解をすることができる。 $(a+b)^2=a^2+2ab+b^2$ $(a-b)^2=a^2-2ab+b^2$ $(a+b)(a-b)=a^2-b^2$ $(x+a)(x+b)=x^2+(a+b)x+ab$	・既に学習した計算の方法と関連付けて，式の展開や因数分解をする方法を考察し表現することができる。 ・文字を用いた式で数量及び数量の関係を捉え説明することができる。	・式の展開や因数分解をする方法のよさを実感して粘り強く考え，多項式について学んだことを生活や学習に生かそうとしたり，文字を用いた式を活用した問題解決の過程を振り返って評価・改善しようとしたりしている。

3A（3）「二次方程式」

知識・技能	思考・判断・表現	主体的に学習に取り組む態度
・二次方程式の必要性と意味及びその解の意味を理解している。 ・因数分解したり平方の形に変形したりして二次方程式を解くことができる。 ・解の公式を知り，それを用いて二次方程式を解くことができる。	・因数分解や平方根の考えを基にして，二次方程式を解く方法を考察し表現することができる。 ・二次方程式を具体的な場面で活用することができる。	・二次方程式のよさを実感して粘り強く考え，二次方程式について学んだことを生活や学習に生かそうとしたり，二次方程式を活用した問題解決の過程を振り返って評価・改善しようとしたりしている。

巻末資料

３Ｂ(1)「図形の相似」

知識・技能	思考・判断・表現	主体的に学習に取り組む態度
・平面図形の相似の意味及び三角形の相似条件について理解している。 ・基本的な立体の相似の意味及び相似な図形の相似比と面積比や体積比との関係について理解している。	・三角形の相似条件などを基にして図形の基本的な性質を論理的に確かめることができる。 ・平行線と線分の比についての性質を見いだし，それらを確かめることができる。 ・相似な図形の性質を具体的な場面で活用することができる。	・相似な図形の性質のよさを実感して粘り強く考え，図形の相似について学んだことを生活や学習に生かそうとしたり，相似な図形の性質を活用した問題解決の過程を振り返って評価・改善しようとしたりしている。

３Ｂ(2)「円周角と中心角の関係」

知識・技能	思考・判断・表現	主体的に学習に取り組む態度
・円周角と中心角の関係の意味を理解し，それが証明できることを知っている。	・円周角と中心角の関係を見いだすことができる。 ・円周角と中心角の関係を具体的な場面で活用することができる。	・円周角と中心角の関係のよさを実感して粘り強く考え，円周角と中心角の関係について学んだことを生活や学習に生かそうとしたり，円周角と中心角の関係を活用した問題解決の過程を振り返って評価・改善しようとしたりしている。

３Ｂ(3)「三平方の定理」

知識・技能	思考・判断・表現	主体的に学習に取り組む態度
・三平方の定理の意味を理解し，それが証明できることを知っている。	・三平方の定理を見いだすことができる。 ・三平方の定理を具体的な場面で活用することができる。	・三平方の定理のよさを実感して粘り強く考え，三平方の定理について学んだことを生活や学習に生かそうとしたり，三平方の定理を活用した問題解決の過程を振り返って評価・改善しようとしたりしている。

巻末
資料

３C(1)「関数 $y＝ax^2$」

知識・技能	思考・判断・表現	主体的に学習に取り組む態度
・関数 $y＝ax^2$ について理解している。 ・事象の中には関数 $y＝ax^2$ として捉えられるものがあることを知っている。 ・いろいろな事象の中に，関数関係があることを理解している。	・関数 $y＝ax^2$ として捉えられる二つの数量について，変化や対応の特徴を見いだし，表，式，グラフを相互に関連付けて考察し表現することができる。 ・関数 $y＝ax^2$ を用いて具体的な事象を捉え考察し表現することができる。	・関数 $y＝ax^2$ のよさを実感して粘り強く考え，関数 $y＝ax^2$ について学んだことを生活や学習に生かそうとしたり，関数 $y＝ax^2$ を活用した問題解決の過程を振り返って評価・改善しようとしたりしている。

３D(1)「標本調査」

知識・技能	思考・判断・表現	主体的に学習に取り組む態度
・標本調査の必要性と意味を理解している。 ・コンピュータなどの情報手段を用いるなどして無作為に標本を取り出し，整理することができる。	・標本調査の方法や結果を批判的に考察し表現することができる。 ・簡単な場合について標本調査を行い，母集団の傾向を推定し判断することができる。	・標本調査のよさを実感して粘り強く考え，標本調査について学んだことを生活や学習に生かそうとしたり，標本調査を活用した問題解決の過程を振り返って評価・改善しようとしたり，多様な考えを認め，よりよく問題解決しようとしたりしている。

評価規準，評価方法等の工夫改善に関する調査研究について

平成 31 年 2 月 4 日　国立教育政策研究所長裁定
平成 31 年 4 月 12 日　一　　部　　改　　正

1　趣　旨

　学習評価については，中央教育審議会初等中等教育分科会教育課程部会において「児童生徒の学習評価の在り方について」（平成 31 年 1 月 21 日）の報告がまとめられ，新しい学習指導要領に対応した，各教科等の評価の観点及び評価の観点に関する考え方が示されたところである。

　これを踏まえ，各小学校，中学校及び高等学校における児童生徒の学習の効果的，効率的な評価に資するため，教科等ごとに，評価規準，評価方法等の工夫改善に関する調査研究を行う。

2　調査研究事項

（1）評価規準及び当該規準を用いた評価方法に関する参考資料の作成
（2）学校における学習評価に関する取組についての情報収集
（3）上記（1）及び（2）に関連する事項

3　実施方法

　調査研究に当たっては，教科等ごとに教育委員会関係者，教師及び学識経験者等を協力者として委嘱し，2 の事項について調査研究を行う。

4　庶　務

　この調査研究にかかる庶務は，教育課程研究センターにおいて処理する。

5　実施期間

　平成 31 年 4 月 19 日〜令和 2 年 3 月 31 日

巻末
資料

評価規準，評価方法等の工夫改善に関する調査研究協力者（五十音順）

（職名は平成 31 年 4 月現在）

国立教育政策研究所においては，次の関係官が担当した。

水谷　尚人　　　国立教育政策研究所教育課程研究センター研究開発部教育課程調査官

この他，本書編集の全般にわたり，国立教育政策研究所において以下の者が担当した。

笹井　弘之　　　国立教育政策研究所教育課程研究センター長

清水　正樹　　　国立教育政策研究所教育課程研究センター研究開発部副部長

髙井　　修　　　国立教育政策研究所教育課程研究センター研究開発部研究開発課長

高橋　友之　　　国立教育政策研究所教育課程研究センター研究開発部研究開発課指導係長

奥田　正幸　　　国立教育政策研究所教育課程研究センター研究開発部研究開発課指導係専門職

森　　孝博　　　国立教育政策研究所教育課程研究センター研究開発部教育課程調査官

巻末
資料

学習指導要領等関係資料について

　学習指導要領等の関係資料は以下のとおりです。いずれも，文部科学省や国立教育政策研究所のウェブサイトから閲覧が可能です。スマートフォンなどで閲覧する際は，以下の二次元コードを読み取って，資料に直接アクセスする事が可能です。本書と合わせて是非ご覧ください。

① 学習指導要領、学習指導要領解説　等
② 中央教育審議会答申「幼稚園、小学校、中学校、高等学校及び特別支援学校の学習指導要領等の改善及び必要な方策等について」（平成28年12月21日）
③ 中央教育審議会初等中等教育分科会教育課程部会報告「児童生徒の学習評価の在り方について」（平成31年1月21日）
④ 小学校，中学校，高等学校及び特別支援学校等における児童生徒の学習評価及び指導要録の改善等について（平成31年3月29日30文科初第1845号初等中等教育局長通知）

　　　　　　　　　　　※各教科等の評価の観点等及びその趣旨や指導要録（参考様式）は，同通知に掲載。

⑤ 学習評価の在り方ハンドブック(小・中学校編)（令和元年6月）
⑥ 学習評価の在り方ハンドブック(高等学校編)（令和元年6月）
⑦ 平成29年改訂の小・中学校学習指導要領に関するQ&A
⑧ 平成30年改訂の高等学校学習指導要領に関するQ&A
⑨ 平成29・30年改訂の学習指導要領下における学習評価に関するQ&A

巻末資料

学習評価の
在り方
ハンドブック

小・中学校編

文部科学省　国立教育政策研究所教育課程研究センター

学習指導要領

学習指導要領とは，国が定めた「教育課程の基準」です。

（学校教育法施行規則第52条,74条,84条及び129条等より）

■学習指導要領の構成
〈小学校の例〉

総則は，以下の項目で整理され，
全ての教科等に共通する事項が記載されています。

- 第1 小学校教育の基本と教育課程の役割
- 第2 教育課程の編成
- 第3 教育課程の実施と学習評価
- 第4 児童の発達の支援
- 第5 学校運営上の留意事項
- 第6 道徳教育に関する配慮事項

> 学習評価の
> 実施に当たっての
> 配慮事項

前文
第1章　総則
第2章　各教科
　　　第1節　　国語
　　　第2節　　社会
　　　第3節　　算数
　　　第4節　　理科
　　　第5節　　生活
　　　第6節　　音楽
　　　第7節　　図画工作
　　　第8節　　家庭
　　　第9節　　体育
　　　第10節　　外国語
第3章　特別の教科 道徳
第4章　外国語活動
第5章　総合的な学習の時間
第6章　特別活動

各教科等の目標,内容等が記載されています。

（例）第1節　国語
- 第1 目標
- 第2 各学年の目標及び内容
- 第3 指導計画の作成と内容の取扱い

平成29年改訂学習指導要領の各教科等の目標や内容は，
教育課程全体を通して育成を目指す資質・能力の三つの柱に
基づいて再整理されています。

ア 何を理解しているか,何ができるか
　（生きて働く「知識・技能」の習得）
イ 理解していること・できることをどう使うか（未知の状況にも
　対応できる「思考力・判断力・表現力等」の育成）
ウ どのように社会・世界と関わり,よりよい人生を送るか
　（学びを人生や社会に生かそうとする「学びに向かう力・
　人間性等」の涵養）

平成29年改訂「小学校学習指導要領」より
※中学校もおおむね同様の構成です。

詳しくは,文部科学省Webページ「学習指導要領のくわしい内容」をご覧ください。
(http://www.mext.go.jp/a_menu/shotou/new-cs/1383986.htm)

学習指導要領解説

学習指導要領解説とは, 大綱的な基準である
学習指導要領の記述の意味や解釈などの詳細
について説明するために, 文部科学省が作成
したものです。

■学習指導要領解説の構成
〈小学校 国語編の例〉

●第1章　総説
　　　　1　改訂の経緯及び基本方針
　　　　2　国語科の改訂の趣旨及び要点

> 総説
> 改訂の経緯及び
> 基本方針

●第2章　国語科の目標及び内容
　　第1節　国語科の目標
　　　　1　教科の目標
　　　　2　学年の目標
　　第2節　国語科の内容
　　　　1　内容の構成
　　　　2　〔知識及び技能〕の内容
　　　　3　〔思考力, 判断力, 表現力等〕の内容

●第3章　各学年の内容
　　第1節　第1学年及び第2学年の内容
　　　　1　〔知識及び技能〕
　　　　2　〔思考力, 判断力, 表現力等〕
　　第2節　第3学年及び第4学年の内容
　　　　1　〔知識及び技能〕
　　　　2　〔思考力, 判断力, 表現力等〕
　　第3節　第5学年及び第6学年の内容
　　　　1　〔知識及び技能〕
　　　　2　〔思考力, 判断力, 表現力等〕

●第4章　指導計画の作成と内容の取扱い
　　　　1　指導計画作成上の配慮事項
　　　　2　内容の取扱いについての配慮事項
　　　　3　教材についての配慮事項

> 指導計画作成や
> 内容の取扱いに係る配慮事項

●付録
　付録1：学校教育施行規則(抄)
　付録2：小学校学習指導要領　第1章　総則
　付録3：小学校学習指導要領　第2章　第1節　国語
　付録4：教科の目標,各学年の目標及び内容の系統表
　　　　　(小・中学校国語科)
　付録5：中学校学習指導要領　第2章　第1節　国語
　付録6：小学校学習指導要領　第2章　第10節　外国語
　付録7：小学校学習指導要領　第4章　外国語活動
　付録8：小学校学習指導要領　第3章　特別の教科　道徳
　付録9：「道徳の内容」の学年段階・学校段階の一覧表
　付録10：幼稚園教育要領

> 教科等の目標
> 及び内容の概要

> 参考
> (系統性等)

> 学年や
> 分野ごとの内容

「小学校学習指導要領解説 国語編」より
※中学校もおおむね同様の構成です。「総則編」,「総合的な学習の時間編」及び「特別活動編」は異なった構成となっています。

教師は, 学習指導要領で定めた資質・能力が, 児童生徒に確実に育成されているかを評価します

学習評価の基本的な考え方

　学習評価は，学校における教育活動に関し，児童生徒の学習状況を評価するものです。「児童生徒にどういった力が身に付いたか」という学習の成果を的確に捉え，**教師が指導の改善を図る**とともに，**児童生徒自身が自らの学習を振り返って次の学習に向かうことができるようにする**ためにも，学習評価の在り方は重要であり，教育課程や学習・指導方法の改善と一貫性のある取組を進めることが求められます。

カリキュラム・マネジメントの一環としての指導と評価

　各学校は，日々の授業の下で児童生徒の学習状況を評価し，その結果を児童生徒の学習や教師による指導の改善や学校全体としての教育課程の改善，校務分掌を含めた組織運営等の改善に生かす中で，学校全体として組織的かつ計画的に教育活動の質の向上を図っています。

　このように，「学習指導」と「学習評価」は学校の教育活動の根幹であり，教育課程に基づいて組織的かつ計画的に教育活動の質の向上を図る「カリキュラム・マネジメント」の中核的な役割を担っています。

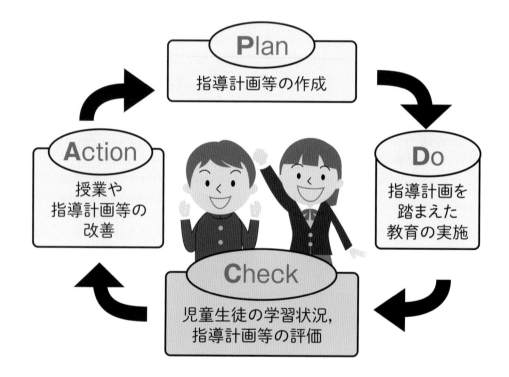

主体的・対話的で深い学びの視点からの授業改善と評価

　指導と評価の一体化を図るためには，児童生徒一人一人の学習の成立を促すための評価という視点を一層重視することによって，教師が自らの指導のねらいに応じて授業の中での児童生徒の学びを振り返り，学習や指導の改善に生かしていくというサイクルが大切です。平成29年改訂学習指導要領で重視している「主体的・対話的で深い学び」の視点からの授業改善を通して，各教科等における資質・能力を確実に育成する上で，学習評価は重要な役割を担っています。

☑ 教師の指導改善に
つながるものにしていくこと

☑ 児童生徒の学習改善に
つながるものにしていくこと

☑ これまで慣行として行われてきたことでも,
必要性・妥当性が認められないものは
見直していくこと

次の授業では
○○を重点的に
指導しよう。

○○のところは
もっと〜した方が
よいですね。

詳しくは,平成31年3月29日文部科学省初等中等教育局長通知「小学校,中学校,高等学校及び特別支援学校等における児童生徒の学習評価及び指導要録の改善等について(通知)」をご覧ください。
(http://www.mext.go.jp/b_menu/hakusho/nc/1415169.htm)

コラム　評価に戸惑う児童生徒の声

「先生によって観点の重みが違うんです。授業態度をとても重視する先生もいるし,テストだけで判断するという先生もいます。そうすると,どう努力していけばよいのか本当に分かりにくいんです。」(中央教育審議会初等中等教育分科会教育課程部会 児童生徒の学習評価に関するワーキンググループ第7回における高等学校3年生の意見より)

あくまでこれは一部の意見ですが,学習評価に対する児童生徒のこうした意見には,適切な評価を求める切実な思いが込められています。そのような児童生徒の声に応えるためにも,教師は,児童生徒への学習状況のフィードバックや,授業改善に生かすという評価の機能を一層充実させる必要があります。教師と児童生徒が共に納得する学習評価を行うためには,評価規準を適切に設定し,評価の規準や方法について,教師と児童生徒及び保護者で共通理解を図るガイダンス的な機能と,児童生徒の自己評価と教師の評価を結び付けていくカウンセリング的な機能を充実させていくことが重要です。

Column

学習評価の基本構造

平成29年改訂で,学習指導要領の目標及び内容が資質・能力の三つの柱で再整理されたことを踏まえ,各教科における観点別学習状況の評価の観点については,「知識・技能」,「思考・判断・表現」,「主体的に学習に取り組む態度」の3観点に整理されています。

「学びに向かう力,人間性等」には
①「主体的に学習に取り組む態度」として観点別評価(学習状況を分析的に捉える)を通じて見取ることができる部分と,
②観点別評価や評定にはなじまず,こうした評価では示しきれないことから個人内評価を通じて見取る部分があります。

各教科における評価の基本構造

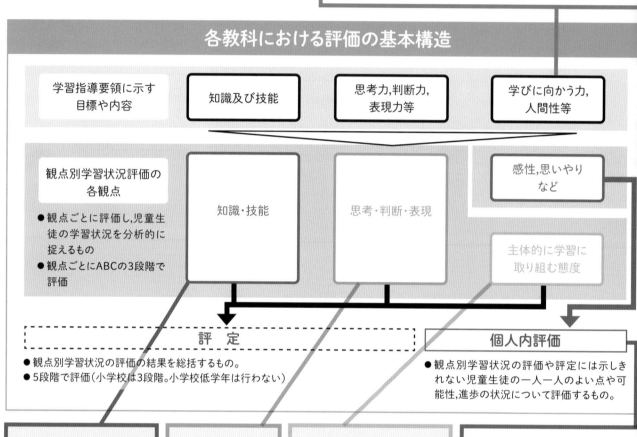

| 学習指導要領に示す目標や内容 | 知識及び技能 | 思考力,判断力,表現力等 | 学びに向かう力,人間性等 |

観点別学習状況評価の各観点
- 観点ごとに評価し,児童生徒の学習状況を分析的に捉えるもの
- 観点ごとにABCの3段階で評価

知識・技能 / 思考・判断・表現 / 感性,思いやりなど / 主体的に学習に取り組む態度

評定
- 観点別学習状況の評価の結果を総括するもの。
- 5段階で評価(小学校は3段階。小学校低学年は行わない)

個人内評価
- 観点別学習状況の評価や評定には示しきれない児童生徒の一人一人のよい点や可能性,進歩の状況について評価するもの。

各教科等における学習の過程を通した知識及び技能の習得状況について評価を行うとともに,それらを既有の知識及び技能と関連付けたり活用したりする中で,他の学習や生活の場面でも活用できる程度に概念等を理解したり,技能を習得したりしているかを評価します。

各教科等の知識及び技能を活用して課題を解決する等のために必要な思考力,判断力,表現力等を身に付けているかどうかを評価します。

知識及び技能を獲得したり,思考力,判断力,表現力等を身に付けたりするために,自らの学習状況を把握し,学習の進め方について試行錯誤するなど自らの学習を調整しながら,学ぼうとしているかどうかという意思的な側面を評価します。

個人内評価の対象となるものについては,児童生徒が学習したことの意義や価値を実感できるよう,日々の教育活動等の中で児童生徒に伝えることが重要です。特に,「学びに向かう力,人間性等」のうち「感性や思いやり」など児童生徒一人一人のよい点や可能性,進歩の状況などを積極的に評価し児童生徒に伝えることが重要です。

詳しくは,平成31年1月21日文部科学省中央教育審議会初等中等教育分科会教育課程部会「児童生徒の学習評価の在り方について(報告)」をご覧ください。
(http://www.mext.go.jp/b_menu/shingi/chukyo/chukyo3/004/gaiyou/1412933.htm)

特別の教科 道徳, 外国語活動(小学校のみ), 総合的な学習の時間, 特別活動についても, 学習指導要領で示したそれぞれの目標や特質に応じ, 適切に評価します。なお, 道徳科の評価は, 入学者選抜の合否判定に活用することのないようにする必要があります。

特別の教科 道徳(道徳科)

児童生徒の人格そのものに働きかけ, 道徳性を養うことを目標とする道徳科の評価としては, 観点別評価は妥当ではありません。授業において児童生徒に考えさせることを明確にして, 「道徳的諸価値についての理解を基に, 自己を見つめ, 物事を(広い視野から)多面的・多角的に考え, 自己の(人間としての)生き方についての考えを深める」という学習活動における児童生徒の具体的な取組状況を, 一定のまとまりの中で, 児童生徒が学習の見通しを立てたり学習したことを振り返ったりする活動を適切に設定しつつ, 学習活動全体を通して見取ります。

外国語活動(小学校のみ)

評価の観点については, 学習指導要領に示す「第1目標」を踏まえ, 右の表を参考に設定することとしています。この3つの観点に則して児童の学習状況を見取ります。

知識・技能	思考・判断・表現	主体的に学習に取り組む態度
● 外国語を通して, 言語や文化について体験的に理解を深めている。 ● 日本語と外国語の音声の違い等に気付いている。 ● 外国語の音声や基本的な表現に慣れ親しんでいる。	身近で簡単な事柄について, 外国語で聞いたり話したりして自分の考えや気持ちなどを伝え合っている。	外国語を通して, 言語やその背景にある文化に対する理解を深め, 相手に配慮しながら, 主体的に外国語を用いてコミュニケーションを図ろうとしている。

総合的な学習の時間

評価の観点については, 学習指導要領に示す「第1目標」を踏まえ, 各学校において具体的に定めた目標, 内容に基づいて, 右の表を参考に定めることとしています。この3つの観点に則して児童生徒の学習状況を見取ります。

知識・技能	思考・判断・表現	主体的に学習に取り組む態度
探究的な学習の過程において, 課題の解決に必要な知識や技能を身に付け, 課題に関わる概念を形成し, 探究的な学習のよさを理解している。	実社会や実生活の中から問いを見いだし, 自分で課題を立て, 情報を集め, 整理・分析して, まとめ・表現している。	探究的な学習に主体的・協働的に取り組もうとしているとともに, 互いのよさを生かしながら, 積極的に社会に参画しようとしている。

特別活動

特別活動の特質と学校の創意工夫を生かすということから, 設置者ではなく, 各学校が評価の観点を定めることとしています。この際, 学習指導要領に示す特別活動の目標や学校として重点化した内容を踏まえ, 例えば以下のように, 具体的に観点を示すことが考えられます。

特別活動の記録							
内容	観点　　　　学年	1	2	3	4	5	6
学級活動	よりよい生活を築くための知識・技能	○		○	○	○	
児童会活動	集団や社会の形成者としての思考・判断・表現		○	○		○	
クラブ活動	主体的に生活や人間関係をよりよくしようとする態度				○		
学校行事			○	○	○	○	

小学校児童指導要録(参考様式)様式2の記入例(5年生の例)

各学校で定めた観点を記入した上で, 内容ごとに, 十分満足できる状況にあると判断される場合に, ○印を記入します。
○印をつけた具体的な活動の状況等については, 「総合所見及び指導上参考となる諸事項」の欄に簡潔に記述することで, 評価の根拠を記録に残すことができます。

なお, 特別活動は学級担任以外の教師が指導する活動が多いことから, 評価体制を確立し, 共通理解を図って, 児童生徒のよさや可能性を多面的・総合的に評価するとともに, 確実に資質・能力が育成されるよう指導の改善に生かすことが求められます。

観点別学習状況の評価について

　観点別学習状況の評価とは，学習指導要領に示す目標に照らして，その実現状況がどのようなものであるかを，観点ごとに評価し，児童生徒の学習状況を分析的に捉えるものです。

▌「知識・技能」の評価の方法

　　「知識・技能」の評価の考え方は，従前の評価の観点である「知識・理解」，「技能」においても重視してきたところです。具体的な評価方法としては，例えばペーパーテストにおいて，事実的な知識の習得を問う問題と，知識の概念的な理解を問う問題とのバランスに配慮するなどの工夫改善を図る等が考えられます。また，児童生徒が文章による説明をしたり，各教科等の内容の特質に応じて，観察・実験をしたり，式やグラフで表現したりするなど実際に知識や技能を用いる場面を設けるなど，多様な方法を適切に取り入れていくこと等も考えられます。

▌「思考・判断・表現」の評価の方法

　　「思考・判断・表現」の評価の考え方は，従前の評価の観点である「思考・判断・表現」においても重視してきたところです。具体的な評価方法としては，ペーパーテストのみならず，論述やレポートの作成，発表，グループや学級における話合い，作品の制作や表現等の多様な活動を取り入れたり，それらを集めたポートフォリオを活用したりするなど評価方法を工夫することが考えられます。

▌「主体的に学習に取り組む態度」の評価の方法

　　具体的な評価方法としては，ノートやレポート等における記述，授業中の発言，教師による行動観察や，児童生徒による自己評価や相互評価等の状況を教師が評価を行う際に考慮する材料の一つとして用いることなどが考えられます。その際，各教科等の特質に応じて，児童生徒の発達の段階や一人一人の個性を十分に考慮しながら，「知識・技能」や「思考・判断・表現」の観点の状況を踏まえた上で，評価を行う必要があります。

「主体的に学習に取り組む態度」の評価のイメージ

○「主体的に学習に取り組む態度」の評価については,①知識及び技能を獲得したり,思考力,判断力,表現力等を身に付けたりすることに向けた粘り強い取組を行おうとする側面と,②①の粘り強い取組を行う中で,自らの学習を調整しようとする側面,という二つの側面から評価することが求められる。

○これら①②の姿は実際の教科等の学びの中では別々ではなく相互に関わり合いながら立ち現れるものと考えられる。例えば,自らの学習を全く調整しようとせず粘り強く取り組み続ける姿や,粘り強さが全くない中で自らの学習を調整する姿は一般的ではない。

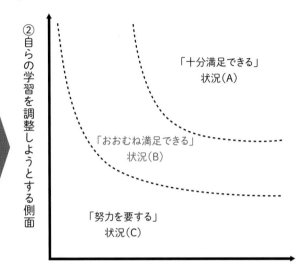

ここでの評価は,その学習の調整が「適切に行われるか」を必ずしも判断するものではなく,学習の調整が知識及び技能の習得などに結びついていない場合には,教師が学習の進め方を適切に指導することが求められます。

「自らの学習を調整しようとする側面」とは…

自らの学習状況を把握し,学習の進め方について試行錯誤するなどの意思的な側面のことです。評価に当たっては,児童生徒が自らの理解の状況を振り返ることができるような発問の工夫をしたり,自らの考えを記述したり話し合ったりする場面,他者との協働を通じて自らの考えを相対化する場面を,単元や題材などの内容のまとまりの中で設けたりするなど,「主体的・対話的で深い学び」の視点からの授業改善を図る中で,適切に評価できるようにしていくことが重要です。

コラム
「主体的に学習に取り組む態度」は,「関心・意欲・態度」と同じ趣旨ですが…
〜こんなことで評価をしていませんでしたか?〜

平成31年1月21日文部科学省中央教育審議会初等中等教育分科会教育課程部会「児童生徒の学習評価の在り方について(報告)」では,学習評価について指摘されている課題として,「関心・意欲・態度」の観点について「学校や教師の状況によっては,挙手の回数や毎時間ノートを取っているかなど,性格や行動面の傾向が一時的に表出された場面を捉える評価であるような誤解が払拭し切れていない」ということが指摘されました。これを受け,従来から重視されてきた各教科等の学習内容に関心をもつことのみならず,よりよく学ぼうとする意欲をもって学習に取り組む態度を評価するという趣旨が改めて強調されました。

Column

観点別学習状況の評価について

学習評価の充実

学習評価の妥当性，信頼性を高める工夫の例

- 評価規準や評価方法について，事前に教師同士で検討するなどして明確にすること，評価に関する実践事例を蓄積し共有していくこと，評価結果についての検討を通じて評価に係る教師の力量の向上を図ることなど，学校として組織的かつ計画的に取り組む。
- 学校が児童生徒や保護者に対し，評価に関する仕組みについて事前に説明したり，評価結果について丁寧に説明したりするなど，評価に関する情報をより積極的に提供し児童生徒や保護者の理解を図る。

評価時期の工夫の例

- 日々の授業の中では児童生徒の学習状況を把握して指導に生かすことに重点を置きつつ，各教科における「知識・技能」及び「思考・判断・表現」の評価の記録については，原則として単元や題材などのまとまりごとに，それぞれの実現状況が把握できる段階で評価を行う。
- 学習指導要領に定められた各教科等の目標や内容の特質に照らして，複数の単元や題材などにわたって長期的な視点で評価することを可能とする。

学年や学校間の円滑な接続を図る工夫の例

- 「キャリア・パスポート」を活用し，児童生徒の学びをつなげることができるようにする。
- 小学校段階においては，幼児期の教育との接続を意識した「スタートカリキュラム」を一層充実させる。
- 高等学校段階においては，入学者選抜の方針や選抜方法の組合せ，調査書の利用方法，学力検査の内容等について見直しを図ることが考えられる。

評価方法の工夫の例

全国学力・学習状況調査
(問題や授業アイディア例)を参考にした例

平成19年度より毎年行われている全国学力・学習状況調査では,知識及び技能等を実生活の様々な場面に活用する力や,様々な課題解決のための構想を立て実践し評価・改善する力などに関わる内容の問題が出題されています。

全国学力・学習状況調査の解説資料や報告書,授業アイディア例を参考にテストを作成したり,授業を工夫したりすることもできます。

詳しくは,国立教育政策研究所Webページ「全国学力・学習状況調査」をご覧ください。
(http://www.nier.go.jp/kaihatsu/zenkokugakuryoku.html)

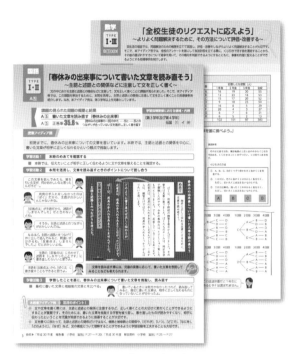

授業アイディア例

コラム　　評価の方法の共有で働き方改革

ペーパーテスト等のみにとらわれず,一人一人の学びに着目して評価をすることは,教師の負担が増えることのように感じられるかもしれません。しかし,児童生徒の学習評価は教育活動の根幹であり,「カリキュラム・マネジメント」の中核的な役割を担っています。その際,助けとなるのは,教師間の協働と共有です。

評価の方法やそのためのツールについての悩みを一人で抱えることなく,学校全体や他校との連携の中で,計画や評価ツールの作成を分担するなど,これまで以上に協働と共有を進めれば,教師一人当たりの量的・時間的・精神的な負担の軽減につながります。風通しのよい評価体制を教師間で作っていくことで,評価方法の工夫改善と働き方改革にもつながります。

「指導と評価の一体化の取組状況」

A:学習評価を通じて,学習評価のあり方を見直すことや個に応じた指導の充実を図るなど,指導と評価の一体化に学校全体で取り組んでいる。

B:指導と評価の一体化の取組は,教師個人に任されている。

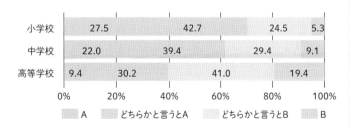

	A	どちらかと言うとA	どちらかと言うとB	B
小学校	27.5	42.7	24.5	5.3
中学校	22.0	39.4	29.4	9.1
高等学校	9.4	30.2	41.0	19.4

(平成29年度文部科学省委託調査「学習指導と学習評価に対する意識調査」より)

Column

Q & A -先生方の質問にお答えします-

Q1 1回の授業で, 3つの観点全てを評価しなければならないのですか。

A. 学習評価については, 日々の授業の中で児童生徒の学習状況を適宜把握して指導の改善に生かすことに重点を置くことが重要です。したがって観点別学習状況の評価の記録に用いる評価については, 毎回の授業ではなく原則として単元や題材などの内容や時間のまとまりごとに, それぞれの実現状況を把握できる段階で行うなど, その場面を精選することが重要です。

Q2 「十分満足できる」状況(A)はどのように判断したらよいのですか。

A. 各教科において「十分満足できる」状況(A)と判断するのは, 評価規準に照らし, 児童生徒が実現している学習の状況が質的な高まりや深まりをもっていると判断される場合です。「十分満足できる」状況(A)と判断できる児童生徒の姿は多様に想定されるので, 学年会や教科部会等で情報を共有することが重要です。

Q3 指導要録の文章記述欄が多く, かなりの時間を要している現状を解決できませんか。

A. 本来, 学習評価は日常の指導の場面で, 児童生徒本人へフィードバックを行う機会を充実させるとともに, 通知表や面談などの機会を通して, 保護者との間でも評価に関する情報共有を充実させることが重要です。このため, 指導要録における文章記述欄については, 例えば, 「総合所見及び指導上参考となる諸事項」については, 要点を箇条書きとするなど, 必要最小限のものとなるようにしました。また, 小学校第3学年及び第4学年における外国語活動については, 記述欄を簡素化した上で, 評価の観点に即して, 児童の学習状況に顕著な事項がある場合などにその特徴を記入することとしました。

Q4 評定以外の学習評価についても保護者の理解を得るにはどのようにすればよいのでしょうか。

A. 保護者説明会等において, 学習評価に関する説明を行うことが効果的です。各教科等における成果や課題を明らかにする「観点別学習状況の評価」と, 教育課程全体を見渡した学習状況を把握することが可能な「評定」について, それぞれの利点や, 上級学校への入学者選抜に係る調査書のねらいや活用状況を明らかにすることは, 保護者との共通理解の下で児童生徒への指導を行っていくことにつながります。

Q5 障害のある児童生徒の学習評価について, どのようなことに配慮すべきですか。

A. 学習評価に関する基本的な考え方は, 障害のある児童生徒の学習評価についても変わるものではありません。このため, 障害のある児童生徒については, 特別支援学校等の助言または援助を活用しつつ, 個々の児童生徒の障害の状態等に応じた指導内容や指導方法の工夫を行い, その評価を適切に行うことが必要です。また, 指導要録の通級による指導に関して記載すべき事項が個別の指導計画に記載されている場合には, その写しをもって指導要録への記入に替えることも可能としました。

NIER

文部科学省
国立教育政策研究所
National Institute for Educational Policy Research

令和元年6月
文部科学省　国立教育政策研究所教育課程研究センター
〒100-8951 東京都千代田区霞が関3丁目2番2号　TEL 03-6733-6833(代表)

「指導と評価の一体化」のための
学習評価に関する参考資料
【中学校　数学】

令和 2 年 6 月 27 日	初版発行
令和 6 年 4 月 15 日	10 版発行

著作権所有	国立教育政策研究所 教育課程研究センター
発　行　者	東京都千代田区神田錦町 2 丁目 9 番 1 号 コンフォール安田ビル 2 階 株式会社　東洋館出版社 代表者　錦織　圭之介
印　刷　者	大阪市住之江区中加賀屋 4 丁目 2 番 10 号 岩岡印刷株式会社

発　行　所	東京都千代田区神田錦町 2 丁目 9 番 1 号 コンフォール安田ビル 2 階 株式会社　東洋館出版社 電話　03-6778-4343

ISBN978-4-491-04134-6　　　　　定価：本体 900 円
　　　　　　　　　　　　　　　　（税込 990 円）税 10%